D1743081

ANDREAS ENGLISCH

FRANZISKUS

Ein Lebensbild

ANDREAS ENGLISCH
FRANZISKUS

Ein Lebensbild

C.Bertelsmann

INHALT

▷ 13. März 2013, ein historischer Abend auf dem Petersplatz: Der erste Papst vom amerikanischen Kontinent lässt sich von der Menge segnen.

EIN PAPST OHNE ANGST

FRANZISKUS BRICHT DAS HEILIGSTE GESETZ

An jenem kalten Märzabend 2013 in Rom stand ich mit vielen Tausend Menschen auf dem Petersplatz, als Kardinal Jean Louis Tauran von der Benediktionsloggia des Petersdoms aus den Namen des neuen Papstes verkündete: Jorge Mario Bergoglio, der sich als erstes Oberhaupt der katholischen Kirche den Namen Papst Franziskus gegeben hatte. Ich wusste, dass an diesem Abend auch mein argentinischer Freund Javier auf dem Platz war. Ich fand ihn schließlich, und Javier sah entsetzlich aus, wie vom Donner gerührt; als hätte er mitten im Gedränge auf dem Petersplatz eine Erscheinung gehabt.

»Nimmt es dich so mit, dass ein Landsmann Papst ist?«

Er war kreidebleich. »Du verstehst das nicht«, stotterte er.

»Sicher verstehe ich das«, widersprach ich. »Es ist unglaublich! Der erste Papst vom amerikanischen Kontinent. Der erste Jesuit, der es auf den Thron Petri schafft. Und dann auch noch der Rebell der CELAM-Konferenz. Es ist historisch, was hier heute Abend geschieht.«

Er redete jetzt sehr schnell. »Nein, du hast keine Ahnung!«

Ich konnte meine Begeisterung nicht verbergen. »Wieso nicht? Er wird neue Akzente setzen, Lateinamerika wird eine große Rolle spielen, er wird einen neuen Stil schaffen, in die Geschichte eingehen ...«

Über Jorge Mario Bergoglio wusste ich einiges; schließlich hatte er schon bei der Wahl seines Vorgängers Joseph Ratzinger mehr als dreißig Stimmen im Konklave bekommen. Aber in der Tat hatte ich keine Ahnung, dass mein Wissen – über seine Rolle in der CELAM (dem Lateinamerikanischen Bischofsrat, der immer wieder Konflikte mit dem Vatikan austrägt), seine schwierigen Beziehungen zum Vatikan, seinen Streit mit den Jesuiten – unbedeutend war. Was tatsächlich entscheidend sein würde für die Amtszeit dieses Papstes aus Argentinien, hatte sich vor langer Zeit in Buenos Aires abgespielt. Und es war Javier, der mir die Augen dafür öffnete.

Er zog mich mit einem harten Griff wie ein Ringer zu sich. »Du hast keine Ahnung«, wiederholte er streng. »Du verstehst überhaupt nicht,

was hier gerade passiert. Jetzt kann etwas Unglaubliches geschehen, etwas, das alles verändern wird.«

»Sag ich doch«, schnaufte ich genervt und machte mich los. »Er wird neue Ideen einbringen, ganz anders als seine Vorgänger.«

»Nein«, sagte Javier entschlossen. »Alles, was du sagst, ist nebensächlich. Es geht um viel, viel mehr. Entweder hat er noch seinen legendären Mut, und nichts wird im Vatikan so bleiben, wie es ist, oder aber da oben im Vatikan wird ihn der Mut verlassen, weil er jetzt Papst ist. Und dann wird alles so sein, wie du es sagst, er wird einfach ein Papst aus Lateinamerika sein. Doch wenn ihn der Mut nicht verlässt, wirst du Unglaubliches erleben.«

»Ich verstehe nicht.«

»Sag ich doch!«, schrie er in dem Getöse. »Da ist etwas in diesem Jorge Mario Bergoglio. Da ist etwas sehr Seltsames und sehr Starkes und sehr Seltenes – und vielleicht behält er es, obwohl er jetzt Papst ist.«

Er sprach immer schneller. »Es hat vor vielen Jahren angefangen, auf einem Hof in Argentinien bei Buenos Aires.«

»Was für ein Hof? Ich habe nie davon gehört. War das ein berühmter Ort? Was ist da passiert?«

In strömendem Regen und beißender Kälte erleben die Gläubigen, wie erstmals ein Jesuit die Nachfolge des Apostels Petrus antritt.

»Nein, kein berühmter Ort. Ein hässlicher, leerer Hof vor einer Kirche am Stadtrand von Buenos Aires.«

»Und was soll das mit diesem unglaublichen Abend seiner Wahl zum Papst zu tun haben?«

»Bergoglio hat damals eine Entscheidung getroffen, eine sehr weitreichende Entscheidung.«

»Was ist da passiert?«

»Auf diesem Hof in Buenos Aires standen damals die Eltern der Jugendlichen, die sich an diesem Tag vom Bischof firmen lassen sollten. Es waren schon viele Familien da, und sie alle schauten auf die Einfahrt, durch die das Luxusauto des Bischofs kommen musste. Der Erzbischof Kardinal Quarracino hatte sich immer in einer großen Limousine der Diözese fahren lassen. Alle starrten auf das Tor; es war schon spät, und der Bischof, der neue Bischof Jorge Mario Bergoglio, sollte kommen. Statt des Wagens des Bischofs bogen immer wieder Eltern in den Hof ein. Alle fragten sich mittlerweile, wo Bischof Bergoglio denn bleibe.«

»Und dann?«

Jorge Mario Bergoglio, hier noch als Kardinal, auf dem Petersplatz unterwegs zu einer Synode im Vatikan: Sein Verhältnis zur Kurie ist seit seiner Amtszeit als Bischof von Buenos Aires konfliktträchtig.

»Der Bischof war bereits da. Inmitten der Menge stand Jorge Mario Bergoglio, er trug seine Aktentasche. Er war mit der U-Bahn gekommen und schaute auf die Einfahrt. Er sah mit den Wartenden auf etwas, das nie wieder auftauchen würde. Er hatte noch kein einziges Wort gesagt. Aber er hatte das getan, was nie ein Bischof gewagt hatte und ein Papst nie wagen würde.«

Auf einmal begriff ich, warum Javier so aufgeregt war. Bergoglio hatte es damals gewagt, das heiligste Gesetz der katholischen Kirche zu brechen. Das Gesetz, dass immer alles beim Alten zu bleiben hat, damit um jeden Preis eines vermieden wird: einen Vorgänger im Amt zu kritisieren. Niemals durfte ein Bischof die Fähigkeiten des Bischofs herabsetzen, der vor ihm die Diözese regiert hatte. Niemals durfte er dessen Weisheit infrage stellen. Alles musste in der Tradition weitergehen, ohne einen Bruch. So war es, und so würde es in der katholischen Kirche sein für alle Zeit.

Aber dann hatte sich dieser Jorge Mario Bergoglio als Bischof von Buenos Aires tatsächlich mit der Aktentasche unter die Menge gemischt. Unfassbar. Er hatte es mit dieser, von außen betrachtet, einfachen Geste gewagt, seinen Vorgänger und großen Gönner, seinen Förderer Kardinal Quarracino, der den jungen Bergoglio für einen Freund gehalten hatte, an den Pranger zu stellen. Denn so würden die Kritiker das sehen. Für das, was Bergoglio auf diesem Hof getan hatte, würde er einen hohen Preis zahlen, und es war nahezu unglaublich, dass er bereit war, diesen Preis auch zu zahlen. Jeder, der als Bischof oder Papst etwas in der katholischen Kirche ändern wollte, räumte damit ein, dass es etwas zu ändern gab, dass der hochverehrte Vorgänger kein Heiliger gewesen war und Fehler gemacht hatte. Aber exakt dies machten katholische Würdenträger und erst recht ein per Dogma als unfehlbar erklärter Papst nicht: Fehler.

Ein Bischof, der es wagte, dieses wichtigste aller Gesetze der Kirche zu brechen, musste mit dramatischen Konsequenzen rechnen. Was würden die Gläubigen über Jorge Mario Bergoglio sagen, nachdem er demonstrativ auf den Dienstwagen verzichtet hatte und per U-Bahn, ohne Sekretär und mit der Aktentasche in der Hand, zu der Firmung gekommen war? Hatte er nicht mit seinem Vorgänger in der schicken Limousine gesessen, als enger Vertrauter und Mitarbeiter von Kardinal Quarracino, und geschwiegen zum Luxus des Chefs, der es liebte, in Roms schickstem Hotel, dem Hilton, abzusteigen? Genau das würden seine Feinde ihm vorwerfen. Hatte er Kardinal Quarracino nicht begleitet und geschwiegen wie eine Schlange, um nun den verehrten Vorgänger durch die Entscheidung, zu Fuß zu gehen, für immer zu beschämen und sein Andenken zu beschmutzen? Hatte Bergoglio nicht geschwiegen, wenn Kardinal Quarracino seine fürchterlichen Witze über Homosexuelle gerissen und vollkommen ernsthaft Ghettos für Schwule gefordert hatte, was eine Strafanzeige zur Folge hatte?

Damals auf dem Petersplatz verstand ich dank Javier, was geschehen könnte, welche Umwälzung im Raum stand – die ich nun seit jenem März 2013 erlebe.

Von dem Tag seiner Wahl an hat der Junge aus dem Stadtteil Flores von Buenos Aires im Vatikan gekämpft: gegen die Vorurteile, gegen seine eigene verschlossene, bedrückte Natur und vor allem gegen den eigenen Apparat. Der Kampf schien von vornherein aussichtslos. Noch nie war es einem Papst gelungen, den eigenen Apparat im Vatikan zu reformieren.

Sogar der als Jahrtausendpapst gefeierte Karol Wojtyla war daran gescheitert. Der Pontifex aus Polen hatte zwar das vor Atomwaffen starrende sowjetische Imperium das Fürchten gelehrt, aber an der eigenen Kurie war er gescheitert. Karol Wojtyla kannte die Vorwürfe der Staatsanwaltschaft gegen seinen Bankchef Paul Marcinkus – und beließ ihn im Amt. Er kannte die Vorwürfe wegen sexuellen Missbrauchs gegen Kardinal Groer aus Österreich – und unternahm nichts. Wie sollte dem über Jahre von seinem eigenen Orden, den Jesuiten, gemobbten, im Vatikan unerfahrenen Jorge Mario Bergoglio ein radikaler Kurswechsel in der katholischen Kirche gelingen?

Der Mann aus Argentinien krempelte die Ärmel hoch, nahm als erster Papst nicht auch nur einen Tag Urlaub. Er ging nicht in den Bergen spazieren, fuhr nicht Ski und ruhte nicht einmal im eigenen Sommersitz in Castelgandolfo aus. Die Mitarbeiter im Urlaubspalast der Päpste warten bis heute vergeblich auf das Kommen von Franziskus; er hat einfach zu viel zu tun.

Im Dezember 2016 wird dieser Mann achtzig Jahre alt. Die Revolution im Vatikan, die er anzettelte, hat ihm jetzt schon einen der außergewöhnlichsten Plätze im dicken Buch der Geschichte der katholischen Kirche gesichert. Der Sohn einer italienischen Einwandererfamilie ist einen langen Weg gegangen, und er hat die Herausforderung angenommen: seine Kirche zu jenem Mann zurückzuführen, der einst barfuß Liebe und Gerechtigkeit predigte.

Wenn ich auf das bisherige Pontifikat des Jorge Mario Bergolio, der schon mit seiner Namenswahl ein Zeichen setzte, blicke, denke ich oft an jenen Abend auf dem Petersplatz, als Javier mir mit einer kleinen Geschichte klarmachte, dass in diesem Jorge Mario Bergoglio ein Krieger steckt, ein Revolutionär, der keine Angst hat, selbst das bisher

Erstmals wählt ein
Papst den Namen
Franziskus. Nur In-
sider hatten mit dem
Argentinier Bergo-
glio gerechnet, weil
er im Konklave 2005
bereits 32 Stimmen
erlangt hatte.

Undenkbare zu wagen: auszusprechen, dass die katholische Kirche
unglaubwürdig geworden ist durch ihr Gehabe der Unfehlbarkeit und
dass es höchste Zeit ist, sich an die eigene Nase zu fassen. Dass es hohe
Zeit ist zurückzukehren auf einen Weg, den die Kirche verlassen hat,
nämlich den Weg des Jesus von Nazareth.

Damals fing es an. ■

Vor Gott muss bei der Wahl des Papstes auch der Pileolus, das Käppchen, das den Kopf des Bischofs vor der schweren Bischofsmütze schützen soll, abgelegt werden.

◁ Einzug der wahlberechtigten Kardinäle in die Sixtinische Kapelle. Die Gruppe der italienischen Kardinäle hofft darauf, das Amt des Papstes zurückerobern zu können.

Als die 115 wahlberechtigten Kardinäle am 12. März 2013 zur Wahl des 265. Nachfolgers des heiligen Petrus in die Sixtinische Kapelle einziehen, wird erst zum zweiten Mal in der Geschichte der katholischen Kirche ein Papst gewählt, obwohl sein Vorgänger noch lebt. Vor 598 Jahren, 1415, hatte Gregor XII. im Streit der Gegenpäpste auf sein Amt verzichtet; Benedikt XVI. legte sein Pontifikat am 28. Februar 2013 offiziell nieder. Dieses Konklave steht im Zeichen einer Grundsatzentscheidung: Wird das Kardinalskollegium nach der Wahl des Polen Johannes Pauls II. und des Deutschen Benedikts XVI. wieder zu der uralten Regel zurückkehren, den einflussreichsten italienischen Kardinal zum Papst zu befördern? Die Grundlagen dafür hatte Benedikt XVI. geschaffen, indem er die von Johannes Paul II. geschwächte italienische Gruppe im Kardinalskollegium wieder aufstockte. Aber ist eine italienisch geprägte Kirche, die noch dazu in verkrusteten Strukturen gefangen ist, den Herausforderungen weltweiter religiöser Konflikte gewachsen?

Man mag es als Fingerzeig deuten, dass die Kardinäle zur Wahl durch den Saal der Schlacht von Lepanto ziehen müssen. Die Fresken mit dem Skelett des Sensenmanns gemahnen an die schrecklichste Seeschlacht aller Zeiten, als die von Pius V. und den Spaniern organisierte Heilige Liga die Flotte des Osmanischen Reiches vernichtete, die schlimmste Schlacht der Christenheit gegen Muslime. 38 000 Mann starben an diesem Tag im Jahr 1571. 442 Jahre später wissen die Kardinäle, dass der neue Papst sich dem weltweiten Aufflammen religiös motivierter Gewalt wird stellen müssen. Braucht die Kirche also einen global denkenden Mann, einen, der weit weg vom Hickhack der römischen Kurie gelebt hat?

An diesem Tag zieht auch ein Kardinal in das Konklave, für den eine eigenartige Ausnahmeregel gilt. Sein Name ist Walter Kasper, und eigentlich ist er schon zu alt, um teilzunehmen. Kardinäle verlieren mit dem Erreichen des 80. Lebensjahres das aktive Wahlrecht. Kardinal Kasper wurde am 5. März 1933 geboren, wäre also sieben Tage über der Altersgrenze. Aber da das Datum des Amtsverzichts von Papst Benedikt XVI. als Orientierung gilt, darf Kasper ins Konklave einziehen. Er wird erleben, dass der Traum seines Lebens Realität wird: Der erste Papst vom amerikanischen Kontinent wird den Wunsch des Walter Kasper nach einer barmherzigen Kirche erfüllen, und er wird dessen Kampf wieder aufnehmen, die wiederverheirateten Geschiedenen zurück in die Kirche zu holen. ■

Der soeben gewählte
Papst verlässt die
Kammer der Tränen,
wo er Abschied von
seinem vorherigen
Leben genommen
hat.

◁ Vor der Wahl legt
jeder Kardinal einen
Eid ab; er schwört,
über alles, was
während der Wahl
geschieht, absolute
Geheimhaltung zu
wahren.

Darauf warten Dutzen-
de Fernsehkameras
auf dem Petersplatz:
weißer Rauch!
Der Papst ist gewählt.

▷ Dieses Lächeln wird
die Welt bezaubern:
Franziskus gewinnt
die Herzen der
Menschen.

Franziskus auf der
Benediktionsloggia:
Als erster Papst wird
er die Gläubigen auf
dem Platz bitten, ihn
zu segnen, bevor er
sie segnet.

Franziskus zele-
briert die Messe; er
wird beschließen,
jeden Morgen die
Frühmesse im Gäste-
haus des Vatikans
zu feiern, wo er
auch wohnt.

Der lächelnde Papst
wirkt während der
Zeremonien im
Petersdom stets
ungemein ernsthaft.
(unten)

▷ Die gewinnende
Art des Papstes
Franziskus wird
eine weltweite
Sympathiewelle
auslösen.

Absage an Prunk und Pomp: Franziskus trägt den goldenen Fischerring der Päpste fast nie, sondern den einfachen Ring des Erzbischofs von Buenos Aires.

STILLE RADIKALITÄT
AUFBRUCH AUS LÜGEN UND LEGENDEN

Papst Franziskus hatte zu Beginn seiner Amtszeit eine spektakuläre Entscheidung getroffen: Er wollte nicht im Verborgenen, langsam und unsichtbar, die Kirche verändern. Er hatte beschlossen, dass grundlegende Veränderungen in der Kirche vor aller Welt sichtbar sein sollen. Jeder, ob gläubig oder nicht, sollte den radikalen Wandel an der Spitze der Kirche sehen. Deswegen hatte Papst Franziskus bereits unmittelbar nach seiner Wahl dem Zeremonienchef, der ihn prunkvoll kleiden wollte, unmissverständlich erklärt: »Der Karneval ist vorbei.«

Als erster Papst weigert sich Franziskus, in den apostolischen Palast einzuziehen, er lässt sich im Kleinwagen fahren, trägt ein einfaches Brustkreuz aus Eisen und verzichtet darauf, seine Aktentasche von einem Sekretär tragen zu lassen. Während der Messfeiern im Petersdom verzichtet er auf jeden Prunk, im Alltag verzichtet er auf einen eigenen Koch und eigene Kammerdiener, er setzt sich in der Mensa des Gästehauses des Vatikans wie ein normaler Besucher an einen der langen Tische. Ein Platz wird für ihn nicht reserviert.

Der Papst attackiert damit fortwährend vor den Augen der Welt, gut sichtbar, das komplette höfische Protokoll der Päpste und damit ihre Art, sich zu zeigen, also ihr Selbstverständnis zu präsentieren. Und genau darum geht es Franziskus, um diese Frage: Als was sehen sich die Päpste?

Dieses Selbstverständnis ist geprägt durch zwei Jahrtausende Kirchengeschichte. Es ist geprägt durch die arrogante Abwertung der weit würdevolleren Konkurrenten um weltliche und kirchliche Macht. Es wurzelt im Anspruch auf ein eigenes Reich und bewahrt höfische Rituale, die an die Cäsaren erinnern. Papst Julius II. nannte sich bewusst nach Julius Cäsar und handelte wie ein Feldherr und Staatsmann. Die Päpste trugen bis zu Benedikt XVI. die roten Schuhe in der Tradition der Cäsaren und mit Purpur verbrämte Kleidung; sie empfingen zu ihren Audienzen in Basiliken nach dem Vorbild römischer Kaiser.

Die Peterskuppel über dem mutmaßlichen Grab des heiligen Petrus, Symbol des Machtanspruchs der Päpste.

Ein Papst des dritten Jahrtausends greift nun eine Tradition an, die vor mehr als fünfzehnhundert Jahren ihren Anfang genommen hat. Jorge Mario Bergoglio stammt dabei aus einem Land, in dem zu jener Zeit, als sein Vorgänger im Amt des Papstes weltgeschichtlich relevante Fälschungen in Auftrag gab, Menschen der uralten Tafí-Kultur, die Ureinwohner Argentiniens, gerade entdeckten, dass man Mais anbauen konnte und dass Lamas sich domestizieren ließen. Als im Jahr 1516 der erste Europäer nach Argentinien kam, waren die Päpste gerade damit beschäftigt, durch einen Ablasshandel die Revolution des Martin Luther heraufzubeschwören. Die heutige, scheinbar so beiläufige Attacke auf die päpstliche Hofhaltung, die Abschaffung der Zeichen von Prunk und Macht sind weit mehr als eine spleenige Idee von Franziskus. Er will ein System der Päpste zerstören, das über fast zwei

Jahrtausende die weltliche Macht und den Anspruch auf Reichtum der Päpste gefestigt hat.

Möglich wird diese Revolution nur durch das entscheidende Merkmal dieses Papstes Franziskus. Durch die Entschlossenheit, vom ersten Tag seines Pontifikats an das Mächtigste aller vatikanischen Tabus zu brechen: dass niemals ein Vorgänger auf dem Stuhl Petri kritisiert werden darf. Damit trifft er das Wesen des Papsttums ins Mark, die Arroganz. Seither hat er dieses Ziel immer wieder bekräftigt: die Arroganz der römisch-katholischen Kirche bekämpfen zu wollen.

Diese Arroganz der römischen Päpste reicht bis zu den Anfängen des Christentums zurück. Nach dem Tod des Jesus von Nazareth und nach seiner Himmelfahrt, wenn man der Darstellung der Bibel Glauben schenken will, scheint eines klar, das Zentrum des christlichen Glaubens kann nur eine einzige Stadt sein: Jerusalem. Dort fand jenes Ereignis statt, auf das sich das Christentum gründet: der Tod und die Auferstehung des Mannes aus Nazareth mit dem Namen Jesus. Den Vorsitz der Gemeinde übernahm Jakobus, der Bruder Jesu. Die Lesarten des griechischen Originals des Neuen Testaments lassen die Mög-

Jerusalem, die übermächtige Rivalin Roms, die wichtigste Stadt des Christentums.

lichkeit zu, dass Jesus einen älteren leiblichen Bruder hatte. Sicher ist, dass das erste Konzil in Jerusalem zusammentrat, das sogenannte Apostelkonzil um 44 bis 49. Damals gab es nicht den geringsten Zweifel daran, dass Jerusalem das Zentrum des entstehenden Christentums war. Die Jerusalemer Juden, die sich zum Christentum bekehrten, spielten in dieser ersten Gemeinde eine besondere Rolle. Die Päpste werden später mit Vehemenz die Bedeutung der Stadt Rom verteidigen, weil dort schließlich die Gräber der Apostel Petrus und Paulus lagen; aber für die Christen des ersten Jahrtausends waren die Gräber von Petrus und Paulus unerheblich, ein anderes Grab spielte die Hauptrolle. Die Grabkammer, in der Gottes Sohn gelegen haben soll, existierte ja zu jener Zeit noch. Sie wurde erst auf Befehl des Fatimiden-Kalifen al-Hakim, der in Kairo residierte, im Jahr 1009 zerstört, sodass heute nur noch Bruchstücke erhalten sind.

Den Päpsten war stets gegenwärtig, dass zweifellos Jerusalem die heilige Stadt des Christentums war und nicht Rom, auch wenn sie alles taten, um den Schein zu erwecken, als wäre das nicht so. Eines der spektakulärsten Eingeständnisse des Neids der Päpste auf Jerusalem ist der Bau der Sixtinischen Kapelle. Die Kapelle, die Papst Sixtus IV. erbauen ließ, sollte Jerusalem nachahmen, die Kapelle sollte die exakten Ausmaße des salomonischen Tempels haben. Die Päpste wollten sich also ihr Jerusalem in Rom nachbauen, eine Art Legoland-Version der heiligen Stätten.

Rom schmückte sich jahrhundertelang mit Schätzen, die in die eigentliche Hauptstadt des Christentums gehören, nach Jerusalem – und zwar lange bevor die heiligen Stätten der Christen bedroht wurden. Kaiserin Helena unternahm im dritten Jahrhundert den Versuch, Rom mit aller Macht durch Reliquien aufzuwerten, die eigentlich in Jerusalem hätten bleiben müssen. Sie ließ alles, was vom Kreuz Jesu Christi übrig geblieben sein soll, vor allem den Kreuzestitel, die INRI-Tafel, die tatsächlich echt sein könnte, nach Rom schleppen, ebenso die Treppe, über die Christus gegangen sein soll und die bis heute in der Heiligen Stiege an der Lateranbasilika verbaut ist. Helena konnte dabei kaum für sich in Anspruch nehmen, die Reliquien lediglich in Sicherheit gebracht zu haben. Denn von der Bedrohung durch muslimische Kalifen konnte damals noch keine Rede sein. Mohammed wurde erst drei Jahrhunderte später geboren.

Rom unternahm also alles, um vergessen zu machen, dass Jerusalem das eigentliche Zentrum der Christenheit ist.

Das erste Konzil, das Apostelkonzil, bescherte den Päpsten etwas, das den Nachfolgern Petri zwei Jahrtausende lang Kopfschmerzen bereiten würde: Petrus hatte unter den Aposteln keineswegs eine Vormachtstellung inne. Er war lediglich einer von vielen.

Das Evangelium weist in diesem Punkt einen seltsamen Widerspruch auf. In der berühmten Stelle sagt Jesus den für die römischen Päpste alles entscheidenden Satz (Matthäus 16,18/19):

»Und ich sage dir auch: Du bist Petrus, und auf diesen Felsen will ich meine Gemeinde bauen, und die Pforten der Hölle sollen sie nicht überwältigen. Ich will dir die Schlüssel des Himmelreichs geben: Alles, was du auf Erden binden wirst, soll auch im Himmel gebunden sein, und alles, was du auf Erden lösen wirst, soll auch im Himmel gelöst sein.«

Die römischen Päpste ließen voller Stolz dieses zusammengefasste Zitat auf Latein an den heiligsten und prächtigsten aller Orte schreiben, der aus ihrer Sicht existiert, in die Kuppel des Petersdoms:

»Tu es Petrus et super hanc Petram aedificabo ecclesiam meam et tibi dabo claves caelorum.« (Du bist Petrus, und auf diesen Felsen werde ich meine Kirche bauen, und ich werde dir die Schlüssel des Himmels geben.)

Alle Besucher der gewaltigen Kirche sollten für alle Zeiten sehen, dass der Ursprung des Machtanspruchs der Päpste, die einzig wahre Kirche zu regieren, auf Christus selber zurückgeht. Doch seltsamerweise scheinen im Evangelium die Apostel nichts davon mitbekommen zu haben, dass Petrus das ist, als was ihn die Päpste zwei Jahrtausende später anpreisen: der Fürst der Apostel. Laut Evangelium ist er das keineswegs. Ganz im Gegenteil: Die maßgebliche theologische Rolle spielte Paulus, während der Chef der christlichen Urgemeinde nicht Petrus, sondern der ältere Bruder Christi, also Jakobus, war. Der vermeintliche Apostelfürst hingegen musste sich Demütigungen anhören, die auszuschließen scheinen, dass er so etwas wie der Fürst der Apostel gewesen sein könnte. An der berühmten Stelle des Galaterbriefs faltet Paulus Petrus, den er stets Kephas nennt (Kephas = aramäisch für Stein/Fels) regelrecht zusammen; er stellt ihn zur Rede und kanzelt ihn ab (Galaterbrief 2,11 bis 14):

»Als Kephas aber nach Antiochia gekommen war, bin ich ihm offen entgegengetreten, weil er sich ins Unrecht gesetzt hatte.

Bevor nämlich Leute aus dem Kreis um Jakobus eintrafen, pflegte er zusammen mit den Heiden zu essen. Nach ihrer Ankunft aber zog er sich von den Heiden zurück und trennte sich von ihnen, weil er die Beschnittenen fürchtete.

Ebenso unaufrichtig wie er verhielten sich die anderen Juden, sodass auch Barnabas durch ihre Heuchelei verführt wurde.

Als ich aber sah, dass sie von der Wahrheit des Evangeliums abwichen, sagte ich zu Kephas in Gegenwart aller: Wenn du als Jude nach Art der Heiden und nicht nach Art der Juden lebst, wie kannst du dann die Heiden zwingen, wie Juden zu leben?«

Paulus wirft Petrus dort also offen Unaufrichtigkeit und Heuchelei vor und weist ihn zurecht. Das passt überhaupt nicht zum Bild vom Fürsten der Apostel, das die Päpste so gern heraufbeschwören. Deshalb debattieren Forscher leidenschaftlich darüber, ob diese für die Päpste so entscheidende Stelle, die Petrus zum Felsen macht, auf dem die Kirche steht, nicht eine spätere Einfügung der Sympathisanten Petri im zweiten Jahrhundert gewesen sein könnte, dass also Christus diesen Satz in Wirklichkeit nie gesagt hat. Wenn es eine solche spätere Einfügung gegeben hat, dann ließe sich erklären, warum laut Evangelium die urchristliche Gemeinde von einer Gruppe geführt wurde, die, nach Paulus, von mehreren Säulen getragen wurde, so auch von Jakobus und Johannes. Petrus wird als eine von mehreren Führungspersönlichkeiten genannt. Seit der Entstehung der Evangelien rätseln die Wissenschaftler über diesen Widerspruch. Wieso steht an einer Stelle des Evangeliums, dass Christus zu Petrus angeblich sagte, er sei der herausragende Mann, der Fels oder der Apostelfürst, wie ihn die Päpste sehen wollen, wenn an anderen Stellen zweifelsfrei Petrus als einer von mehreren Gleichberechtigten beschrieben wird, keineswegs als ein Oberhaupt? Ist die stolzeste Bibelstelle der Päpste, die Petrus eine Vormachtstellung einräumt, etwa eine Fälschung?

Aber selbst wenn Christus tatsächlich diese Sonderrolle von Petrus verfügt haben sollte, bleibt für die Päpste ein weiteres großes Problem, um ihre Vormachtstellung zu begründen: Es ist äußerst fragwürdig, ob Petrus je in Rom war. Das römische Papsttum könnte durchaus auf einem Missverständnis und einer Legendenbildung gegründet worden sein.

Der wichtigste Tatbestand, der daran zweifeln lässt, dass Petrus je in Rom war, sind die Evangelien selber. Dort findet sich kein Wort darüber, dass Petrus nach Rom gereist und dort zu Tode gekommen ist. Warum nicht? Weil er nie in Rom war? Es lässt sich nicht nachvollziehen, warum die Evangelien ausführlich die Reise des Paulus nach Rom beschreiben und doch in einer Zeit verfasst wurden, als Petrus angeblich schon seit vielen Jahren in Rom lebte. Warum also steht kein Wort darüber in der Apostelgeschichte? ∎

Nur in den ersten Tagen nach seiner Wahl benutzt Papst Franziskus das vergoldete Kreuz.

◁ Franziskus zu Beginn seines Pontifikats vor dem Bild der Muttergottes. Vor allen wichtigen Anlässen sucht er Roms wichtigste Marienkirche Santa Maria Maggiore auf.

Als Papst Franziskus nach seiner Wahl vor dem Grab des heiligen Petrus am Hauptaltar des Petersdoms betet, ist das Buch der Geschichte der katholischen Kirche um ein historisches Ereignis reicher. Denn fast alle seine Vorgänger konnten zu Fuß oder auf dem Rücken ihrer Pferde hierherkommen: Etwa die Hälfte dieser 265 Päpste stammte direkt aus der Stadt Rom oder aus der unmittelbaren Umgebung. Erstmals steht 2013 am Petrusgrab ein Papst aus einem Land, dessen Existenz der Fischer Simon aus Galiläa sich nicht einmal hätte vorstellen können. Wie sehr die Päpste mit der Stadt Rom verbunden sind, zeigt schon, dass Karol Wojtyła am Tag seiner Wahl sagte, die Kardinäle hätten einen Papst gewählt, der von »sehr weit her« gekommen sei. Doch ausgerechnet der Papst, der den bisher weitesten Weg zurückzulegen hatte, wird als der Mann in Erinnerung bleiben, der die Kirche zu ihren Ursprüngen zurückführte.

Es waren die Päpste aus Rom und Umgebung, die die Kirche von Petrus, auf den sie sich berufen, entfernten. Der Römer Gregor II. (im Amt 715 bis 731) legte den Grundstein für den Staat der Päpste, der in seiner Existenz dem Bekenntnis von Christus widersprach, dass sein Reich nicht von dieser Welt sei. Petrus hatte als Apostel jeden privaten Besitz abgelehnt. Wer in dem winzigen Städtchen Sutri auf der wundervollen Piazza sitzt, kann sich kaum vorstellen, dass mit Gregor II., dem Sutri geschenkt wurde, hier der weltliche Machtanspruch der Päpste im Mittelmeerraum seinen Anfang nimmt, zu dem sogar Teile des heutigen Frankreichs gehören werden. Der aus Canino bei Rom stammende Paul III. (im Amt 1534 bis 1549) erdreistete sich später sogar, seinen Sohn Pier Luigi zum Kriegsherrn der päpstlichen Truppen zu machen und ihm mit dem Herzogtum Parma und Piacenza ein eigenes Herrschaftsgebiet zu verschaffen, das den Einfluss der Päpste weiter vergrößerte. Und auch nach dem Untergang des Kirchenstaats 1870 ließen die Päpste sich nicht abbringen von ihrer prächtigen Art, Hof zu halten.

Erst der Mann aus dem fernen Argentinien wird die katholische Kirche daran erinnern, dass sie von ihrem hohen Ross heruntersteigen muss, will sie dem Auftrag des Jesus von Nazareth entsprechen. Er wird sich kleinmachen gegenüber den Patriarchen und Oberhäuptern anderer Kirchen. Er wird die Hofhaltung im päpstlichen Appartement beenden, die Luxuskarossen gegen Kleinwagen tauschen, eine ärmliche Kleidung tragen – ganz wie der Mann, der als Namensgeber möglicherweise unter dem Petersdom in seinem schlichten Erdgrab ruht. ∎

Franziskus bekommt
die Zeichen der Wür-
de des Papstes über-
reicht. Den goldenen
Ring des Bischofs
von Rom wird er
immer im Schrank
lassen.

▷ Jorge Mario Bergo-
glio unmittelbar
nach der Papstwahl
zusammen mit dem
päpstlichen Zeremo-
nienchef Guido
Marini (rechts).
Schon bald wird der
Papst sich aus dem
Korsett der Zeremo-
nien befreien.

Schon bei der ersten
Fahrt über den
Petersplatz führt
Papst Franziskus
den alten Gelände-
wagen ohne Aufbau
für den Personen-
schutz wieder ein.

◁ Auch wenn seine
Sicherheitsleute es
hassen: Sofort nach
der Wahl schafft
der Papst die Panzer-
glasscheiben am
Papamobil ab. Er will
die Menschen nicht
nur sehen, sondern
anfassen.

Franziskus während
der Amtseinführungs-
messe mit Cristina
Fernández de Kirchner,
der argentinischen Prä-
sidentin. Ausgerechnet
der frühere Erzbischof
von Buenos Aires, mit
dem sie im Dauerstreit
lag, schafft es auf den
Thron des Papstes.

▷ Den Schwachen,
Kleinen, Armen
dieser Welt gilt
die ganze Liebe
dieses Papstes.

▷ Zwei Päpste im Vatikan – das hat es in der zweitausend-jährigen Geschichte der katholischen Kirche noch nie gegeben.

DIE ARROGANZ DER MACHT

ZWEI JAHR-TAUSENDE PAPSTTUM

Dafür, dass Petrus in Rom war, sprechen nur Indizien. Dennoch muss Kaiser Konstantin der Große (zirka 280 bis 337) überzeugt gewesen sein, dass das Grab des Mannes, der den auferstandenen Christus gesehen hatte, sich tatsächlich an dem damals abgelegenen Ort am vatikanischen Hügel befand, wo Konstantin die erste Petruskirche bauen ließ. Nur so ist zu erklären, warum er Anfang des vierten Jahrhunderts, als nicht einmal jeder Zehnte im Römischen Reich Christ war, für diesen Kirchenbau einen gewaltigen Kraftakt und jede Menge Ärger auf sich nahm. Die christliche Religion war damals nichts anderes als eine der vielen Sekten, und dennoch setzte der Kaiser das komplizierte Projekt der Peterskirche durch. Fast jeder andere Ort in Rom hätte sich besser für diesen Bau geeignet als der, an dem die Riesenkirche heute steht.

Zwei kaum zu überschätzende Nachteile sprachen gegen den Platz: Zum einen musste ein großer Teil des vatikanischen Hügels abgetragen werden, um die Kirche dorthin bauen zu können, was einen gewaltigen Aufwand bedeutete. Zum anderen, und das wog weit schwerer, musste eine römische Totenstadt, eine Nekropole, zugeschüttet werden. Doch die Totenstädte, die unter freiem Himmel lagen, waren den Römern heilig. Nicht einmal der Kaiser durfte mit ihnen verfahren, wie er wollte. Die Familiengräber waren über Jahrhunderte in Gebrauch und beherbergten die Urnen Hunderter Familienangehöriger und von deren Sklaven. Eine solche römische Totenstadt plattzumachen, um einen Tempel der christlichen Sekte darauf zu bauen, musste dem Kaiser also jede Menge Unmut einbringen; denn es würde den Familienangehörigen nicht mehr möglich sein, die Gräber ihrer Verstorbenen zu besuchen – ein Tabubruch. Dennoch riskierte der Kaiser dies alles; vermutlich weil er an die Existenz des Petrusgrabes glaubte. Zweifellos gab es schon vorher eine Tradition unter Christen, an dieses Grab zu pilgern. Begonnen hatte alles damit, dass am Rande der Rennbahn, die Caligula vermutlich im ersten Jahrhundert am vatika-

nischen Hügel hatte anlegen lassen, in den Jahren zwischen 50 und 70 nach Christus ein Mann, der etwa sechzig Jahre alt war, in einem einfachen Erdgrab bestattet worden war. Die Leiche des Mannes hatten die Totengräber lediglich in ein flaches Erdgrab gelegt und mit Ziegeln bedeckt. Das Grab lag am Rande einer sehr großen römischen Totenstadt, die sich von der heutigen Engelsburg etwa anderthalb Kilometer bis zum Petersdom hinaufzieht. Es war eine überirdische Nekropole, wie in Rom üblich, in der die Mittelschicht, wie auch viele freigelassene Sklaven aus dem Staatsdienst, ihre Grabstätten aufwendig errichtet hatten. Dort waren Menschen unterschiedlichster Glaubensrichtungen begraben worden. Römer, die sich zu den ägyptischen Göttern bekannten und sich unter dem Zeichen des Horus ins Grab legen ließen, und auch einige wenige Christen. Am Rande der prächtigen Totenstadt lagen die Armengräber, auch das des Mannes, der Simon Petrus gewesen sein soll, jener Fischer aus Galiläa, der den jüdischen Namen Simon Bar Jona, Simon Sohn des Jona, getragen haben soll. Über dem armseligen Ziegelgrab wird etwa hundert Jahre später ein winziges, etwa ein Meter hohes Grabmal, ein sogenanntes Tropaion, errichtet. Es bestand aus einer Mauer und kleinen, nicht einmal kniehohen Säulen und einer Platte. Über diesem Tropaion hatte Konstantin dann seine

Konstantin der Große, römischer Kaiser, der die Christenverfolgungen beendete und den Vorgängerbau zum Petersdom errichten ließ. Die Päpste ließen eine Urkunde fälschen, um sich von ihm die Erde schenken zu lassen.

Basilika gebaut. Und darüber wiederum hatten die Päpste der Renaissance den neuen Petersdom errichtet. Für das eigentliche Ziegelgrab, in dem möglicherweise Petrus bestattet worden war, interessierten sich die Päpste ebenso wenig wie für die ganze Gräberstadt, die tief unter dem Petersdom weitgehend erhalten blieb. Schon im zweiten Jahrhundert waren Pilger zu diesem Grab gekommen und hatten Zeichen ihrer Verehrung für Petrus hinterlassen. Warum sie kamen, lässt sich heute nicht mehr feststellen. Entweder glaubten sie nur, dass an diesem Ort Petrus bestattet worden war, oder seine Leiche war tatsächlich an dieser Stelle zur letzten Ruhe gebettet worden, und das Wissen darum lebte fort. Petrus ist vermutlich um das Jahr 65 gestorben. Etwa im Jahr 160, also ganze einhundert Jahre später, beginnt die Verehrung des Petrusgrabes am vatikanischen Hügel. Wenn eine Gruppe von Fälschern etwa im Jahr 150 das Petrusgrab angelegt oder behauptet hätte, dieses gefunden zu haben, dann ist die Wahl eines solchen Ortes am vatikanischen Hügel unwahrscheinlich. Denn das Grab des Petrus war an Armseligkeit nicht zu übertreffen. Hätten Fälscher in der Absicht, Petrus in Rom als Apostelfürsten aufzubauen und einen Ort für seine Verehrung zu schaffen, tatsächlich eine solche Grabstätte vorgetäuscht? In der die Knochen des Verstorbenen auf dem nassen Boden, auf dem die Leiche abgelegt worden war, schon fast verrottet waren? Eine christliche Fälschergruppe hätte mit Sicherheit ein würdevol-

Der Petersdom und der Vorplatz in Rom: weit prächtiger als die Anlagen der Kirchen von Jerusalem, Antiochia und Alexandria, die in der Geschichte einmal bedeutender waren als Rom.

leres Grab angelegt. Sollte Petrus aber tatsächlich in Rom hingerichtet worden sein, ist ein solches Begräbnis, am Rand einer Totenstadt, auf nackter Erde unter ein paar Ziegeln, plausibel; denn dann war ja Petrus aus der Sicht der Römer nichts weiter als ein Verbrecher.

Was die Päpste in den zweitausend Jahren ihrer Geschichte aber gleichermaßen ärgerte wie beunruhigte, war der Tatbestand, dass es eben nur möglich und nicht einmal sehr wahrscheinlich ist, dass Petrus in Rom begraben wurde. Doch die Päpste wollten mit Sicherheit behaupten können, dass ihre Kirche an ebender Stelle steht, an der der Apostelfürst begraben wurde. Dabei war ihnen die Wahrheit jahrhundertelang egal. Das zeigt ein Blick in die Geschichte des Petersdoms.

Als in den Jahren 1506 bis 1633 die alte konstantinische Peterskirche abgerissen und die neue Peterskirche erbaut wurde, entdeckten Arbeiter die alte Totenstadt, an deren Rand Petrus begraben worden sein soll. Die Päpste scherten sich aber nicht um diese Entdeckung. Die Mühe zu prüfen, wo das Petrusgrab unter dem Petersdom genau liegen mochte und ob es überhaupt Gebeine eines Toten enthielt, machten sie sich nicht. Erst Papst Pius XII. wurde im 20. Jahrhundert mit der schockierenden Tatsache konfrontiert, dass das Grab leer war. Selbst das Genie Gianlorenzo Bernini knallte die Fundamente seines weltberühmten Baldachins über dem Hauptaltar des Petersdoms rücksichtslos in die Totenstadt. Er zerstörte damit ohne jede Scham die jahrtausendealten Mauern ausgerechnet jener Gräber, die direkt neben dem mutmaßlichen Petrusgrab liegen. Die Behauptung, dass der Petersdom über dem Petrusgrab errichtet worden sei, war für die Päpste eine so unumstößliche Tatsache, dass niemand meinte, nachschauen zu müssen.

Erst als 1939 das Grab für Papst Pius XI. vorbereitet werden und dieses so nahe wie möglich am Hauptaltar liegen sollte, hoben Arbeiter die Platten unter der Krypta der Päpste an. Sie entdeckten darunter die Totenstadt, die man in der Renaissance zwar schon mal gefunden, die aber niemanden interessiert hatte. In der Totenstadt ließ Papst Pius XII. nun endlich nach dem Petrusgrab suchen. Mehr als 1700 Jahre behaupteten also die Bischöfe von Rom, die Päpste, in einer Kirche zu predigen, die am Grab des Apostels Petrus liege. Aber erst in der zweiten Hälfte des 20. Jahrhunderts hielten sie es für nötig zu klären, ob das überhaupt sein kann. Das Ergebnis der heutigen Forschung ist für die Päpste relativ enttäuschend: Das mutmaßliche Petrusgrab ist leer. Möglicherweise wurden die Reste seiner Gebeine, in einer Mauer versteckt, über die Zeit gerettet. Einen Beweis dafür, dass Petrus in Rom begraben worden ist, und zwar an der Stelle, an der heute der Petersdom steht, gibt es nicht.

Eine weitere Dimension päpstlicher Arroganz enthüllt sich im Verhältnis zu den Konkurrenzkirchen. Hier kommt die wichtigste Fälschung in der Geschichte des Papsttums ins Spiel. In der sogenannten Konstantinischen Schenkung, von der im nächsten Kapitel noch die Rede sein wird, lassen die Päpste Kaiser Konstantin 450 Jahre nach seinem Tod schreiben, dass Rom eine Vormachtstellung gegenüber Jerusalem, Antiochia, Alexandria und Konstantinopel habe. Die Päpste wussten, dass Rom gegenüber den viel älteren Patriarchaten keine Chance hatte. In den ersten Jahrhunderten nach der Kreuzigung Jesu war die christliche Gemeinde in Rom, das römische Patriarchat, keineswegs die wichtigste. Bestenfalls befand sich Rom in der Rangfolge der bedeutenden Sitze der Christenheit auf Platz fünf – hinter Jerusalem, Antiochia, Alexandria und Konstantinopel.

Im ersten Jahrtausend stand außer Frage, dass selbstverständlich Jerusalem das wichtigste Patriarchat der Christenheit ist. Dafür gab es einen schwerwiegenden Grund. Der erste Patriarch von Jerusalem war kein Geringerer als Jakobus, der Gerechte, also der ältere Bruder von Jesus selber. Dabei ist bis heute umstritten, ob es sich um den leiblichen Bruder Christi oder einen Vetter oder einen Halbbruder aus der ersten Ehe von Josef handelt. Zweifellos stand aber dieser Jakobus in irgendeinem direkten verwandtschaftlichen Verhältnis zu Gottes Sohn. Es gibt also keinen Zweifel daran, dass dieser Jakobus Jesus viel näher stand als Petrus, der nur einer der Apostel war. Daraus ergab sich der Vorrang von Jerusalem.

Aber noch drei weitere Patriarchate konnten zweifelsfrei behaupten, in der Geschichte des Christentums von entscheidender Bedeutung gewesen zu sein. Das Patriarchat in Antiochia war im Jahr 34 von Petrus selber gegründet worden. Hartnäckig hielt sich daher die nie bewiesene Vermutung, dass Petrus in Antiochia begraben worden sein könnte. Auch das dritte Patriarchat Alexandria hatte einen berühmten Gründer: Der Evangelist Markus soll es im Jahr 42 gegründet haben. Das vierte wichtige Patriarchat war Konstantinopel, das vom heiligen Andreas gegründet worden sein soll. Das Konzil von Konstantinopel legte 381 fest, dass die Stadt das neue Rom sei. Die römischen Bischöfe, die Päpste, versanken dadurch in Zweitrangigkeit. Wenn überhaupt, schafften es die Päpste in Rom, mit ihrer vagen Vermutung, Petrus sei dort begraben worden, auf Rang fünf der wichtigsten Orte der Christenheit. Hätte sich nicht der Islam im siebten und achten Jahrhundert explosionsartig ausgebreitet, wäre die Situation heute eine völlig andere. Die römischen Päpste müssten einräumen, dass sie in der Hierarchie der Kirchen unter »ferner liefen« rangierten.

Die Pilger würden nach Antiochia und nicht nach Rom strömen. Denn anders als Rom, das an der Spekulation festhielt, Petrus könnte dort gewesen sein, was in den Evangelien aber seltsamerweise nie erwähnt wird, konnte Antiochia darauf verweisen, dass in den Evangelien genau beschrieben ist, wie Petrus dort das spätere Patriarchat gründete. Die Menschen würden auch nach Alexandria pilgern, in die dortige Markus-Kathedrale, in der die Leiche des Evangelisten bis zu ihrem Diebstahl durch Venezianer 828 aufbewahrt wurde. Zweifellos wäre auch Konstantinopel mit der Andreas-Kirche ein gewaltiger Anziehungspunkt für christliche Pilger. Doch es kam alles anders.

Antiochia geriet nach dem gewaltigen Vormarsch der Muslime in Vergessenheit, heute heißt die Stadt Antakya, liegt in der Türkei, und nur selten verirren sich christliche Pilger dorthin. Alexandria wurde von den Venezianern ihres wichtigsten Schatzes beraubt, der sterblichen Überreste des ersten Patriarchen der Stadt, des Evangelisten Markus. Von der alten Markus-Kirche ist nicht mehr viel übrig.

Konstantinopel musste hinnehmen, dass die Leiche ihres Gründers gestohlen und im Auftrag der Päpste in den Petersdom gebracht wurde. Diese wollten die Konkurrenzkirche nach einer Kirchenspaltung im Jahr 1054 demütigen. Der Vormarsch des Islam beraubte Konstantinopel endgültig seiner Bedeutung in der christlichen Welt. Heute leben nur noch wenige Zehntausend Christen im Patriarchat Konstantinopel.

Ausgerechnet die Geburt Mohammeds verschaffte also den Päpsten in Rom einen einzigartigen Vorteil. Der durch die Kreuzzüge noch verschärfte Konflikt zwischen Islam und Christentum und der Fall Konstantinopels 1453 führten dazu, dass die drei konkurrierenden Patriarchate Alexandria, Antiochia und Jerusalem für viele Christen so gut wie unerreichbar waren. Somit fiel dem Sitz des Patriarchen von Rom, des Papstes, der erste Rang zu. Die Exkommunizierung der Kirche Konstantinopels durch die Päpste hatte schon im Jahr 1054 den selbst ernannten Nachfolgern Petri zumindest zum Teil den letzten unliebsamen Rivalen vom Hals geschafft. Dem triumphalen Aufstieg der Päpste von Rom stand damit nichts mehr im Wege.

Hätten die Päpste auch nur eine Spur vom Demut gezeigt, hätten sie einräumen müssen, dass sich der Papst in Rom nur so lange als Oberhaupt der Christenheit ansehen kann, wie die Patriarchen von Jerusalem, Antiochia, Alexandria und Konstantinopel wegen der osmanischen und fatimidischen Besatzung der einstmals christlichen Städte ihr Amt nicht ausüben können, da sie die weit ehrenvolleren Sitze eines Patriarchen waren. Doch stattdessen unternahmen die Päpste alles, um diese Tatsache vergessen zu machen. ∎

Nach tausend Jahren
Zwietracht wollen
zwei Kirchen ge-
meinsam etwas auf-
bauen: Auf der Insel
Lesbos versucht
Papst Franziskus
mit den Patriarchen
Bartholomäus und
Hieronymus II.
von Griechenland
den Flüchtlingen
eine Perspektive
zu geben.

◁ Als erster Papst
der Geschichte trifft
Franziskus einen
Patriarchen der
russisch-orthodoxen
Kirche, Kirill. Davon
hatte Papst Johan-
nes Paul II. immer
geträumt.

Es ist nur ein Kuss auf die Stirn. Doch danach ist im Vatikan der Teufel los: Am 29. November 2014 hatte der Papst am Sitz des Patriarchen Bartholomeos in Konstantinopel vor ihm das Haupt gebeugt, und nach einem Moment des Zögerns hatte dieser den Papst auf die Stirn geküsst. Franziskus hatte explizit darum gebeten, dass der Patriarch ihn und die römisch-katholische Kirche segnen möge. Aus Sicht von Papst Franziskus war das eher Routine. Schon am Abend seiner Wahl hatte er die Menschen auf dem Petersplatz gebeten, ihn zu segnen. Doch aus Sicht der Konservativen war der Papst mit dem Kuss auf die Stirn zu weit gegangen, viel zu weit. Für die Hardliner, allen voran die Pius-Bruderschaft, konnte die Lage klarer nicht sein. Im Jahr 1054 hatte der wenig feinfühlige Kardinal Humbert von Silva Candida auf den Altar der Sophienkirche (Hagia Sophia) die Exkommunizierung des Patriarchen von Konstantinopel, Michael I. Kerularios, niedergelegt und seinen Verhandlungspartner Mönch Nikethas Stetathos als dummen Esel beschimpft, der nicht in ein Kloster, sondern in ein Bordell gehöre. Damit begann das große Schisma, die Kirchenteilung in Ost und West, was zur Entstehung der orthodoxen Kirchen führte, mit heute etwa 300 Millionen Gläubigen. Aus Sicht der Hardliner haben sich alle diese orthodoxen Kirchen von der wahren Kirche des Jesus von Nazareth in einem Akt der Häresie abgespalten. Der Papst hatte sich und die katholische Kirche also von einem Ketzer segnen lassen. Eine historische Katastrophe. Schließlich hatten die Päpste jahrhundertelang, auch mithilfe eines gefälschten Dokuments, das angeblich Kaiser Konstantin unterzeichnet hatte, um die Vormachtstellung Roms gekämpft – und nun kam ein Papst aus Argentinien und gab diesen Anspruch ohne Not auf. Stolz hatte die katholische Kirche fast eintausend Jahre lang erklärt, dass die orthodoxen Kirchen nur dann wieder zur einen Kirche Christi gehören könnten, wenn sie den Papst als uneingeschränktes Oberhaupt anerkennen würden – und jetzt beugte sich dieser Papst vor dem, der sich vor ihm hätte beugen müssen. Damit beendete Papst Franziskus mit einer kleinen Geste den tausendjährigen Kirchenstreit. Bereits im Jahr 1995 hatte Papst Johannes Paul II. den Weg dafür mit seinem apostolischen Schreiben *Ut unum sint* (Sie mögen eins sein) frei gemacht. Darin hatte gestanden, dass eines Tages ein Papst kommen könnte, der das Amt anders verstehen und ausüben würde: ohne die alte Arroganz der Nachfolger Petri.

Dieser Papst ist jetzt da. ∎

Der Papst und Karekin II.,
der Katholikos von Armenien.
Die kleine armenische Kirche
ist älter als die katholische
Kirche, und Franziskus besucht sie im Juni 2016 voller
Demut.

▷ Der Papst in
Istanbul im Novem-
ber 2014. Er möchte
eine alte Wunde
heilen. Die Reli-
quien des Apostels
Andreas, auf den
sich die Kirche
von Konstantinopel
gründete, waren im
Vierten Kreuzzug
entwendet worden.

Ausgerechnet ein Papst aus Argentinien muss in Istanbul versuchen, einen uralten Streitpunkt beizulegen: die noch immer als Verrat angesehene Plünderung des damaligen Konstantinopel durch Venedig und päpstliche Truppen im Jahr 1204.

▷ Eine unglaubliche Bürde: den Titel Vikar von Gottes Sohn zu tragen und das Oberhaupt von einer Milliarde Katholiken zu sein. Aber Papst Franziskus nimmt die Herausforderung seit dem ersten Tag an.

»MEIN REICH IST NICHT VON DIESER WELT«

ALS DIE PÄPSTE JESUS VON NAZARETH VERGASSEN

Der heikelste Punkt des Pontifikats von Papst Franziskus hat nur mit einem zu tun: mit Geld. Der Bischof von Buenos Aires, der Bischof der Armen, war zum Papst gewählt worden und damit zum Oberhaupt einer der reichsten Institutionen der Welt. Jorge Mario Bergoglio musste einen Weg finden, mit diesem Widerspruch umzugehen. Jesus von Nazareth lässt im Evangelium keinen Zweifel daran, welche Haltung er zu Geld und Macht hat. Er sagt in den Evangelien: »Mein Reich ist nicht von dieser Welt« (Johannes 18,36) und »So gebet dem Kaiser, was des Kaisers ist« (Matthäus 22,21). Dass Christus in irgendeiner Form Macht und Reichtum auf dieser Erde anhäufen wollte, lässt sich beim allerbesten Willen im Evangelium nicht belegen; alles spricht für das Gegenteil. Macht und Reichtum in dieser Welt wollte Christus nicht.

Dieser Punkt ist so unverbrüchlich, dass er auf die Päpste und ihre über Jahrhunderte gepflegte Gier nach Macht und Prunk wie eine Provokation wirken muss. Wie sollte ein Julius II. (Papst zwischen 1503 und 1513), der mit absoluter Macht und wie ein König mit einem aggressiven Heer einen Kirchenstaat mit vielen Untertanen regierte, der steinreich war und in überbordendem Luxus lebte, behaupten, er richte sich nach dem, was Jesus von Nazareth gepredigt habe? Schon ein kurzer Blick in die Geschichte der römischen Päpste zeigt unverkennbar, dass diese jahrhundertelang nur äußerst selten und in sehr begrenztem Umfang das taten, was der Rabbiner Jesus aus Nazareth wollte. Einen Stellvertreter auf Erden, wie die Päpste sich hochtrabend nennen, der wie Papst Julius II. einen Angriffskrieg führte und in den Großstädten Bologna und Perugia mit seiner Armee die selbstbestimmten Stadtstaaten wegfegte, hätte er sicher nicht gewollt.

Begonnen hat diese Selbstherrlichkeit der Päpste mit einem schweren Betrug, der bis heute nachwirkt. Bereits im sechsten Jahrhundert waren die Päpste die größten Grundbesitzer Italiens, doch ohne die Ländereien zu einem Staatsgebiet zu vereinigen. Einer der grausams-

ten Päpste der Geschichte, der auch noch den Beinamen »der Große« trägt, spielte eine entscheidende Rolle beim Aufstieg der Päpste in den Rang eines Königs. Politisch war der Papst im Grunde vollkommen vom byzantinischen Kaiser abhängig, handelte aber eigenmächtig einen Vertrag mit den Langobarden aus und legte damit den Grundstein für den Aufstieg der Päpste zu Königen und Fürsten. Gregor der Große war es auch, der den Titel »Papst« verbindlich für die römischen Bischöfe festlegte. Heute darf sich außer dem Papst in Rom nur noch das Oberhaupt der koptischen Christen Papst nennen. Die Langobarden wandten sich im Jahr 728 wieder an einen Papst, diesmal an Gregor II., und schenkten ihm die Stadt Sutri im Gegenzug für eine gewisse Neutralität Roms gegenüber den Feinden der Langobarden. Diese Schenkung gilt als der erste Schritt auf dem Weg zur Errichtung des weltlichen Königreichs der Päpste.

Gregor der Große wurde zwar heiliggesprochen, was aber nichts daran ändert, dass er auf Sardinien befahl, die Heiden mit »Prügeln und Folter« sowie mit schwerer Kerkerhaft zum Glauben zu bekehren. Bis heute lässt dieser Befehl einigen Zweifel daran aufkommen, ob Gregor tatsächlich so ein weiser und milder Mann gewesen sein kann, wie ihn

Der Machtanspruch der Päpste beginnt mit Betrug: Auf dem Fresko in der uralten päpstlichen Kapelle im Kloster Santi Quattro Coronati schenkt Konstantin, demütig das Knie beugend, Papst Silvester den ganzen Erdkreis. Eine Fälschung.

die Kirche lange darstellte. Die Warnung Kaiser Theoderichs, dass man Menschen mit Gewalt nicht zu einem Glauben bekehren könne, schlug er jedenfalls in den Wind. Die Verhandlungen mit den Langobarden führten zunächst zum ersten päpstlichen Ministaat, der dann durch eine umstrittene Schenkung einen riesigen territorialen Zugewinn verzeichnete. In der Königspfalz von Quierzy im heutigen Frankreich garantierte der Karolingerkönig Pippin III. im Jahr 754 den Päpsten die Errichtung eines gewaltigen Staates, der vom süditalienischen Benevent bis nach Istrien reichen sollte, Venedig, Ravenna und die Toskana eingeschlossen. Der Haken an der Sache war nur, dass Pippin etwas verschenkte, das ihm gar nicht gehörte. Pippin versprach dem Papst ein Territorium, das noch der byzantinische Kaiser besaß und das die Langobarden besetzt hatten. Pippin wollte die Langobarden vertreiben, was er nicht tat, und dem Papst dann die Gebiete schenken. Diese Schenkungsurkunde, die im Original nicht erhalten ist, sahen die Päpste als Grundlage ihres Herrschaftsanspruchs.

Der alte Kirchenstaat umfasste nahezu ganz Mittelitalien. Die Päpste kämpften mit Truppen und Diplomatie gegen die Macht des Königreichs Neapel im Süden, gegen die Seerepublik Venedig und das Herzogtum Mailand im Norden.

Doch natürlich regte sich in Byzanz vehementer Widerstand, als die Päpste damit begannen, sich byzantinisches Gebiet einzuverleiben, das ihnen die fränkischen Könige beschaffen wollten. Es musste also eine neue, viel umfassendere Schenkungsurkunde her. Für die Päpste war es von Anfang an schwierig, Besitz und Macht zu rechtfertigen, weil Christus das nun mal auf dieser Erde abgelehnt hatte. Um dennoch ihr gewaltiges Staatsgebiet, die Einnahmen daraus und ihre Macht legitimieren zu können, begingen die Päpste um das Jahr 800 einen gewaltigen Betrug. Sie ließen eine professionelle Fälschung herstellen, eine Urkunde, die das Grundproblem der Päpste für immer aus dem Weg räumen sollte, nämlich dass sie sich nach dem Gründer der christlichen Religion Jesus von Nazareth zu richten hätten. Den Päpsten kam die Idee, sich die Macht und das Geld der Welt sozusagen aufzwingen zu lassen. Es sollte so aussehen, als würden sie keineswegs nach Macht und Vermögen streben, sondern seien gleichsam gezwungen worden, beides anzunehmen. Jahrhundertelang wiesen die Päpste zur Begründung ihres Herrschaftsanspruchs über die ganze Welt diese gefälschte Urkunde vor.

Die Urkunde war angeblich von Kaiser Konstantin ausgestellt worden. In dem Dokument bekräftigt Konstantin, Papst Silvester I. (er regierte zwischen 314 und 335) und allen seinen Nachfolgern den kompletten Erdkreis zu schenken, vor allem aber Rom, Italien und die gesamte westliche Hälfte des Römischen Reiches. Ein Philosoph, der Deutsche Nikolaus von Kues (im Jahr 1433), und der italienische Linguist Lorenzo Valla (im Jahr 1444) wiesen nach, dass es sich bei dem Dokument um eine Fälschung handelt. Die Fälscher hatten im Auftrag des Papstes in der Schenkungsurkunde Worte verwendet, die zwar im Jahr 800 in Umlauf waren, aber noch nicht in jener Zeit, als die Urkunde um 335 angeblich von Konstantin unterzeichnet worden war. Die Kirche war über die Entlarvung dieser Fälschung so entsetzt, dass die Inquisition ein Verfahren gegen den Entdecker der Fälschung einleitete. So gelang es der Kirche noch jahrzehntelang, bis zur Reformation, den Betrug zu leugnen. Ihrem territorialen Anspruch verliehen sie aber auch nach der Aufdeckung mit dem gefälschten Dokument unbeirrt weiter Nachdruck. Der Kirchenstaat bestand noch Jahrhunderte, bis zum Jahr 1870, weiter. Neben weiten Teilen Mittel- und Norditaliens gehörten auch zwei Enklaven in Frankreich, wie das Gebiet um Avignon, dazu.

Der Betrug hatte also trotz seiner Entdeckung einen klaren Vorteil für die Päpste: Die Lüge der römischen Kirche hatte Tatsachen geschaffen, einen Staat des Papstes, in dem übrigens jahrhundertelang auch die Todesstrafe galt. Angesichts der Konstantinischen Schenkung war es schwer, den Machtanspruch der Päpste infrage zu stellen und den Päpsten vorzuwerfen, dass sie sich mit ihrer weltlichen Macht und mit dem unermesslichen Reichtum sehr weit weg von allem bewegten, was Jesus von Nazareth gewollt hatte. Es musste erst ein Mann aus Argentinien kommen, der nach über tausend Jahren den Kurs der Kirche radikal ändern würde.

Die schier übermenschliche Aufgabe, die sich Papst Franziskus nach seiner Wahl im Jahr 2013 stellte, bestand eben genau darin, dass er ein uraltes, ein gigantisches Problem vor sich hatte. In der Diözese Buenos Aires hatte Jorge Mario Bergoglio sehr viel damit bewirken können, dass er den Stil seines direkten Vorgängers Kardinal Quarracino offen als falsch geißelte. In Rom sah das ganz anders aus. Hier ging es nicht um die Fehler, die Papst Benedikt XVI., sein direkter Vorgänger, oder Papst Johannes Paul II. gemacht haben mochten, oder die Fehler, die auf Paul VI. oder dessen Vorgänger zurückzuführen waren. Es ging darum, was vor dreizehnhundert Jahren begonnen hatte, als Pippin den Päpsten Land zusprach, das ihm gar nicht gehörte. Es ging um die Folgen des Betrugs der Konstantinischen Schenkung, die über zwölfhundert Jahre zurücklag. Es ging um eine in der Tradition der Kirche seit vielen Jahrhunderten verfestigte, grundsätzliche Haltung: dass die Kirche sich nicht nach dem richten musste, was Jesus von Nazareth gefordert hatte. Eine Kirche, deren Machtanspruch auf Betrug gegründet ist, eine weltliche Macht und einen Finanzapparat mit eigenen Banken geschaffen hatte, pfiff offensichtlich auf das, was der Rabbiner Jesus aus Nazareth gelehrt hatte. Aber konnte ein Mann, ein alter Mann aus Argentinien, diese über tausend Jahre alte Struktur einer Kirche wirklich reformieren? ■

▷ Ein schwieriger Besuch in der Türkei, weil der Papst eben nicht nur der Bischof von Rom, sondern auch ein Staatsoberhaupt ist. Sein Vorgänger Papst Benedikt XVI. hatte mit seiner Forderung, die Türkei aus der EU herauszuhalten, das Verhältnis belastet.

Der Papst auf dem roten Teppich. Nichts fällt Franziskus so schwer, wie diesen Widerspruch auszuhalten: dass der Papst der kleinen Leute, der sich als Revolutionär sieht, jetzt selbst als Staatschef auftreten muss, wie beim Staatsbesuch in Jordanien 2014. Mit der Papstwahl musste Franziskus seine Einsetzung als Oberhaupt einer einstigen Weltmacht hinnehmen. Übrig geblieben sind einige Privilegien: Der Papst darf Euro-Münzen prägen lassen, eigene Briefmarken ausgeben und unterhält eine eigene Armee, die Schweizergarde, die älteste private Armee der Welt.

Dass Papst Franziskus diese Privilegien nicht mag, zeigt vor allem seine Aversion gegen das Passprivileg: Päpste dürfen Pässe ausstellen lassen und können damit jeden vor dem Strafvollzug retten. Papst Johannes Paul II. zum Beispiel bewahrte durch einen Vatikanpass Bischof Paul Marcinkus, den ehemaligen Chef der Vatikanbank IOR, vor dem Gefängnis, als die italienische Staatsanwaltschaft einen Haftbefehl ausstellte. Im Dezember 2002 rettete sich Kardinal Bernard Francis Law, Erzbischof von Boston, nach Rom, wo er sich mit einem Pass den US-Behörden entziehen konnte, die wegen Unterstützung von Kindesmissbrauch ermittelten.

Als jedoch im Juni 2013 Monsignor Nunzio Scarano verhaftet wurde, weil er 20 Millionen Euro mit einem Privatjet nach Italien geschmuggelt hatte, dachte Papst Franziskus nicht daran, diesen hohen Mitarbeiter des Vatikans mit einem Pass zu schützen. Scarano musste in ein italienisches Gefängnis. Franziskus weiß, dass mit dem Zusammenbruch des Kirchenstaats 1870 die Päpste eigentlich kein Recht mehr haben, sich als Staatschef zu gebärden. Was Benito Mussolini ihnen im Staatsvertrag von 1929 übrig ließ, sind die 44 Hektar der vatikanischen Hügel und die 55 Hektar des Sommersitzes in Castelgandolfo. Franziskus weiß aber auch, dass es töricht wäre, auf das Privileg des Staatsoberhauptes zu verzichten. Es erlaubt den Päpsten, weltweit ihre Stimme zu erheben und gehört zu werden. Papst Franziskus nutzt regelmäßig diese Möglichkeit, um sich einzumischen, so forderte er etwa zum Auftakt des Weltjugendtages in Krakau im Sommer 2016 die polnische Regierung auf, von ihrer fremdenfeindlichen Haltung abzurücken. Dafür nimmt er in Kauf, als Staatsoberhaupt mit Salutschüssen geehrt zu werden. Doch um seine Haltung zu zeigen, setzt er auch Zeichen. So verzichtet er auf das Privileg der Staatschefs, sich in eine noble Residenz zurückzuziehen, sei es der Apostolische Palast oder der Sommersitz in Castelgandolfo. ∎

Franziskus auf
dem roten Teppich:
Nichts fällt ihm so
schwer wie sein
Auftritt als einer der
Mächtigen der Welt.

Vor jedem Staatsbe-
such muss der Papst
zweifach eingeladen
werden: vom religiö-
sen Oberhaupt und
vom Staatschef.
Will einer der bei-
den nicht, wie lange
im Fall Russland,
kommt der Papst
nicht. *(Mitte)*

Staatsbesuche in
Mexiko sind für alle
Päpste eine Heraus-
forderung, weil das
zweitwichtigste ka-
tholische Land der
Welt (nach Brasili-
en) eine religions-
feindliche Verfas-
sung hat. *(unten)*

▷ Auch wenn der
Teppich für den
Ehrengast blau
und nicht rot ist,
fühlt sich Papst
Franziskus sicht-
lich unwohl.

Franziskus, der die
Gangway des Flug-
zeugs herabsteigt.
Das Pontifikat Johan-
nes Pauls II. zeigte,
welche Folgen es hat,
wenn einem Papst
eine solche Treppe
nicht mehr zuzumu-
ten ist: Auslandsrei-
sen werden dann fast
unmöglich.

▷ Der Papst nach
der Landung des
Hubschraubers, den
ihm die italienische
Luftwaffe zur
Verfügung stellt.
Wann immer es
geht, nimmt der
Papst aber lieber
seinen Kleinwagen.

▷ Erzbischof Jorge Mario Bergoglio, ein Kämpfer. Er steigt im Lateinamerikanischen Bischofsrat CELAM auf, einer Organisation, die der Vatikan zerschlagen will.

VOM GLAUBEN WIRD NIEMAND SATT

EIN MANN DER KLEINEN LEUTE

Der Mann, der im März 2013 damit begann, die Strukturen der römischen Kurie aufzubrechen, schien auf den ersten Blick ungeeignet für diese Aufgabe. Denn er kam von so weit her, vom anderen Ende der Welt, dass er gar keine Erfahrung im Vatikan und im alles entscheidenden Staatssekretariat haben konnte. Viele Päpste, wie Pius XII., der Kardinalstaatssekretär gewesen war, hatten im Lauf ihrer Regierungszeit, vor allem während des Zweiten Weltkriegs, die Erfahrung aus dem Staatssekretariat bitter nötig gehabt. Doch Papst Franziskus konnte nicht nur keinerlei Erfahrung vorweisen, er hatte sich im Gegenteil jahrzehntelang mit dem Staatssekretariat erbittert gestritten. Seine Art, die Welt zu sehen, hatte Jorge Mario Bergoglio nicht in Europa, sondern in Buenos Aires entwickelt. Dort fängt am 17. Dezember 1936, dem Tag seiner Geburt, die Geschichte des Papstes Franziskus an, und im Laufe der ersten Jahre als Papst zeigte sich, dass seine Fähigkeiten, den Vatikan zu revolutionieren, nicht dadurch behindert werden, dass er von so weit her kommt. Im Gegenteil. Ihm ist nur dadurch möglich, das zu tun, was er tun muss und will, weil er aus einem anderen Teil der Welt stammt.

Die besonders frommen Anhänger Bergoglios sind der Meinung, dass Gott Papst Franziskus eine Schonfrist gewährte, ihn aufsparte für seine schwere Aufgabe, die er erst im Alter von sechsundsiebzig Jahren antreten sollte. Denn er wird in einem der ganz wenigen Teile des Planeten Erde geboren, in dem es kein schweres Schicksal bedeutet, im Jahr 1936 auf die Welt gekommen zu sein.

In meinen Gesprächen mit Bekannten und Freunden von Jorge Mario Bergoglio höre ich immer ungläubig zu, wenn meine Gesprächspartner betonen, wie wunderschön die ersten zehn Jahre im Leben von Bergoglio, zwischen 1936 und 1946, gewesen sind. Das liegt sicher daran, dass ich der Sohn eines Mannes bin, der als Sechzehnjähriger, nach einem verheerenden Krieg, im Jahr 1945 von der Roten Armee in einen Gulag gesperrt wurde und sein Leben lang unter diesem Trauma

Die charismatische
Eva (Evita) Perón ist
für den jungen Jorge
Mario Bergoglio
eine Lichtgestalt,
genauso wie ihr
Mann, der argenti-
nische Präsident
Juan Perón (links).

litt. Fast im gesamten Rest der Welt erlebten Kinder, die das Pech gehabt hatten, im Jahr 1936 geboren worden zu sein, Bombennächte, verloren Väter und Mütter, wenn sie nicht gar selbst in den Vernichtungs-
lagern der Nazis ermordet wurden. Jorge Mario Bergoglio wächst in
der bescheidenen Eisenbahnerfamilie in einem reizenden Stadtteil in
Buenos Aires auf. Es ist das Stadtviertel Flores, das im 19. Jahrhundert
noch am Stadtrand von Buenos Aires lag und durch Villen von Som-

merfrischlern geprägt war. Seine Kindheit verbringt der spätere Papst also in einem Urlaubsort, der nicht umsonst »Flores« (Blumen) heißt.

Auch die Argentinier spüren Auswirkungen des Krieges, aber gemessen am großen Sterben in Europa sind diese Auswirkungen leicht zu ertragen. Argentinien liefert große Mengen Fleisch nach England, in der Hoffnung, irgendwann nach dem Krieg auch dafür bezahlt zu werden. Das Dosenfleisch, das die britischen Soldaten während der Luftschlacht um England am Leben erhielt, stammte zu großen Teilen aus Argentinien. Bergoglios Kindheitsjahre verliefen also weitgehend sorglos und fröhlich. Diese Kindheit schuf allerdings auch eine Basis für die Persönlichkeit dieses Mannes, die die späteren Feinde von Papst Franziskus verkennen sollten. Nach seiner Wahl glaubten die meisten Kirchenmänner im Vatikan zunächst, dass alles beim Alten bleiben und Jorge Mario Bergoglio die über Jahrhunderte von italienischen Kardinälen geprägten Strukturen nicht antasten würde, weil er ja selber ein Italiener sei. Welch ein Irrtum. Viele besonders arrogante italienische Kirchenmänner halten italienischstämmige Emigranten für eine Art Italiener zweiter Klasse. Sie hatten das Pech, nicht in ih-

Bischof Jorge Mario Bergoglio in einem Armenviertel von Buenos Aires. Sein Leben lang wird er daran glauben, dass die Kirche an die Seite der Notleidenden gehört.

rem eigentlichen Heimatland aufzuwachsen, sondern mussten sich im Ausland eine Art Ersatzitalien aufbauen, wie Little Italy in New York. Aber Jorge Mario Bergoglio wuchs in Argentinien auf und fühlt sich als Argentinier, nicht als ein Italiener, der nur das Pech hatte, nicht in Italien aufzuwachsen. Dieses Selbstverständnis wird weitreichende Folgen haben. Denn Bergoglio hat überhaupt nicht das Gefühl, als Papst Franziskus ganz besonders auf italienische Interessen Rücksicht nehmen zu müssen. Als die italienische Bischofskonferenz nach seiner Wahl darum bat, wie immer automatisch ihr Privileg verlängert zu bekommen, dass sie als einzige Bischofskonferenz der Welt eine Ernennung ihres Oberhaupts vom Papst empfangen dürfe, lehnte Franziskus das ab. Die italienische Bischofskonferenz sei wie jede andere auch, meinte er. Seine Art zu denken ist überhaupt nicht italienisch geprägt.

Zwischen 1523 und 1978 hatten ununterbrochen Männer den Thron des Papstes erobert, die aus dem heutigen Italien stammten. Sie haben das höfische System und das Denken des Vatikans zutiefst geprägt. Ihr Augenmerk galt vor allem dem Mittelmeerraum, Frankreich, Spanien und natürlich dem Heiligen Land. Jorge Mario Bergoglios Aufmerksamkeit galt schon als junger Jesuit vor allem dem pazifischen Raum. Länder wie Japan oder Korea hatten für ihn einen besonderen Reiz, während diese Länder für die meisten römischen Päpste so weit entfernt lagen, dass sie nicht das geringste Interesse für sie aufbrachten. Als Papst wird Jorge Mario Bergoglio sein Interesse für die Länder Asiens weiter pflegen. Als junger Mann hatte er davon geträumt, als Missionar der Jesuiten nach Japan zu gehen.

Das zweite entscheidende Charakteristikum seiner Persönlichkeit hat mit der Blitzkarriere eines Mannes zu tun, der den Grundstein zu seinem kometenhaften Aufstieg schon während des Zweiten Weltkriegs legte. Auf Druck der USA trat Argentinien – allerdings erst wenige Wochen vor Hitlers Selbstmord in Berlin – in den Krieg gegen Deutschland ein. Der Offizier Juan Domingo Perón schaffte es dann noch zum Kriegsminister. Es wurde das Sprungbrett zu einer legendären Karriere.

Ich habe mich oft gefragt, ob diese für Papst Franziskus so typische Überzeugung, dass alle Menschen, so gut sie auch sein mögen, immer auch Sünder sind, mit seiner Bewunderung für Juan Domingo Perón zusammenhängt. Jedes Mal, wenn ich bisher mit Franziskus zusammentraf, bat er mich: »Beten Sie für mich, ich bin ein Sünder.« Auch Papst Johannes Paul II. und Papst Benedikt XVI. haben darüber gesprochen, dass sie sicher auch Sünder seien, aber nicht so oft und mit solchem Nachdruck wie Papst Franziskus. Jorge Mario Bergoglio machte die einschneidende Erfahrung, dass eine der charismatischsten Persönlichkeiten, die er erlebte und die ihn zutiefst beeindruckte, eben Juan Domingo Perón, zweifellos viel erreicht hatte, doch gleichzeitig ein großer Sünder war. Die Jugend des Papstes wird durch diesen Mann bestimmt. Als Juan Domingo Perón zum Präsidenten gewählt wurde, war Jorge Mario Bergoglio zehn Jahre alt, als Perón gestürzt wurde, war Bergoglio neunzehn. Die Jugendjahre Bergoglios waren Perónjahre.

Er erlebte, wie dieser so widersprüchliche Mann Argentinien davon überzeugte, dass es einen dritten Weg neben Marxismus und Kapitalismus geben kann, den Perónismus oder Justicialismo. Jorge Bergoglio war als Jugendlicher Zeuge der sozialen Reformen des Präsidenten, der schlagartig den älteren Arbeitern Argentiniens ihre Würde zurückgab, als er die Zahl der Menschen mit Rentenanspruch von einer halben Million auf zehn Millionen erhöhte. Diese Jahre prägten Jorge Mario Bergoglio zutiefst. Sein ganzes Leben lang wird er ein Mann der »kleinen Leute« bleiben, er wird immer auf der Seite derer stehen, die Juan Domingo Perón mit seiner Arbeiterpartei stützen wollte, die sozial Schwächeren. Perón beeinflusste Bergoglio auch in einem weiteren entscheidenden Punkt nachdrücklich: dem Wissen, dass Menschen ein Anrecht auf eine gerecht bezahlte Arbeit haben, dass Familienvätern mit ihrer Arbeit auch oft ihre Ehre genommen wird. Peróns erfolgreiche Zusammenarbeit mit den Gewerkschaften wurde sicher auch im Hause der Eisenbahnerfamilie Bergoglio positiv aufgenommen. Das erste Weihnachtsgeld, das Jorge Bergoglios Vater nach Hause brachte, hatte er Juan Domingo Perón zu verdanken, der diese Zahlung einführte.

Hinzu kommt Bergoglios Überzeugung, dass der Glaube an Gott allein Menschen nicht glücklich macht. Die Erfahrungen der Argentinier in den Jahren der Präsidentschaft von Perón bewirkten in Papst Franziskus das Gegenteil von dem, was der Marxismus in Papst Johannes Paul II. auslöste. Die Lehre des Materialismus im kommunistischen Polen führte Karol Wojtyla zu der radikalen Einstellung, dass allein religiöse Werte zählen. Wer immer auch mit Karol Wojtyla über Armut sprach und damit konkret materielle Armut meinte, Menschen, die nichts zu essen oder kein Dach über dem Kopf haben, musste sich von Papst Johannes Paul II. sagen lassen, dass materielle Armut keine Rolle spiele, gemessen an einer drohenden Armut im Glauben. Jorge Mario Bergoglio dagegen lernte in der Epoche des Juan Domingo Perón, dass Menschen, die hungern, zuerst etwas zu essen brauchen und erst dann eine Belehrung. In diesem Punkt sind Karol Wojtyla und Papst Franziskus vollkommen unterschiedlich.

Ich habe beim Papstbesuch in einem Slum (Favela) in Rio de Janeiro im Jahr 2013 drastisch zu spüren bekommen, wie sich der Unterschied der beiden Päpste in diesem Punkt konkret zeigt. Karol Wojtyla hatte bei jeder Diskussion über Armut stets nur über Armut im Glauben sprechen wollen, denn es komme auf Werte im Himmel an. Papst Franziskus fragte beim Besuch einer Favela in Rio die Mütter: »Sagen Sie mal, können Sie den Kindern Schultaschen kaufen?« Als die Mütter verneinten, gab der Papst seinen Mitarbeitern einen Wink, und am nächsten Tag wurde den Schulkindern das Nötigste geliefert. Seine Jugend in Buenos Aires hat aus diesem Papst sicher keinen Marxisten gemacht, aber zweifellos einen Mann, der mit beiden Beinen im Leben steht und der weiß, wie schwer es für Familienväter ist, wenn sie in die Arbeitslosigkeit abrutschen oder wenn eine Rente nicht reicht, um ein würdevolles Leben zu führen. Den Politiker Juan Domingo Perón hat Jorge Mario Bergoglio zweifellos bewundert, aber er hat ihn gleichzeitig gelehrt, dass Menschen helle und dunkle Seiten haben und dass auch Volkshelden wie Perón sehr große Sünder sein können. Der Held des jungen Bergoglio, Präsident Perón, hatte von den dunklen Seiten eines Menschen gleich eine ganze Menge zu bieten. Er hat Adolf Hitler offen bewundert und mit den SS-Schergen, die nach Lateinamerika geflohen waren, nur allzu bereitwillig zusammengearbeitet. In seinem Privatleben zeigt sich ebenfalls eine sehr dunkle Seite. Nach dem Tod seiner legendären Gattin Evita Perón begann Juan Domingo Perón ein Verhältnis mit einem damals vierzehnjährigen Mädchen, Nelly Rivas, das von den Eltern, obwohl das Mädchen noch ein Kind war, geduldet und teilweise befördert wurde. Als Perón ins Exil verschwand, landete das Mädchen in einem Heim für jugendliche Prostituierte und verstarb im Jahr 2012 verbittert und verarmt in Buenos Aires – mit dem Stigma, die Perón-Lolita gewesen zu sein. ■

Während in Europa Millionen Menschen sterben, spürt die Generation des Jorge Mario Bergoglio in Argentinien so gut wie nichts von der weltweiten Katastrophe.

Militärischer Drill schon bei Kindern wird in Argentinien von nahezu allen Regierungen gefördert. *(Mitte)*

Jorge Mario Bergoglio wächst mit dem Widerspruch auf, dass sein Held Juan Perón ein Bewunderer von Adolf Hitler und Benito Mussolini ist, aber gleichzeitig eine neue Form des Sozialismus schafft. Die Hitlerjugend gilt Perón als nachahmenswertes Vorbild. *(unten)*

◁ Jorge Mario Bergoglio im Kindesalter: Er hat das Glück, unbeschwert in einer Eisenbahnerfamilie italienischer Immigranten aufzuwachsen, während im Rest der Welt der Zweite Weltkrieg tobt.

Der junge Priester
Jorge Mario Ber-
goglio entscheidet
sich als Spätberu-
fener für Gott und
den Jesuitenorden.

▷ Die Familie Ber-
goglio: Vater José
Mario Francisco Ber-
goglio mit Ehefrau
Regina María (vorne)
und Jorge Mario mit
seinen vier jüngeren
Geschwistern Oscar
Adrián, Marta Regi-
na, Alberto Horacio
und María Elena.

Die Kirche des Jesuitenordens in Rom. Es ist eine Ironie der Geschichte, dass der erste Papst, den die Jesuiten stellen, ausgerechnet ein Pater ist, der sich jahrzehntelang mit dem eignen Orden heftig gestritten hat.

Der junge Jesuit Jorge Mario Bergoglio bringt vieles mit, was einem Aufstieg in der Hierarchie der Kirche hinderlich ist – und doch wird er das Unwahrscheinliche erleben, dass ein Priester von ganz unten ganz oben ankommt.

Die Päpste des zweiten Jahrtausends nach Christus stammten fast ausnahmslos aus der Nobilität. Die Regel in den meisten Adelsfamilien lautete, dass der Erstgeborene die Tradition fortführte und der zweite Sohn dafür innerhalb der Kirche Karriere machen durfte. Fast alle Päpste hatten enge Verwandte, die in der Kirche eine Rolle spielten; fast immer werden sie bereits in ihrer Jugend in Internaten auf ihre Zukunft als Priester vorbereitet. Letzteres soll verhindern, dass es zu Ausrutschern kommt wie etwa bei Papst Paul III. (im Amt 1534 bis 1549), dessen Jugendsünden als Spross der Farnese ihn ein Leben lang begleiteten. Er hatte als junger Bischof mit seiner Geliebten eine Tochter und drei Söhne gezeugt.

Jorge Mario Bergoglio stammt nicht aus einer Klerikerfamilie. Er kennt niemanden, der einflussreich ist und seine Kirchenkarriere befördern kann. Er ist ein Papst, der nicht aus Gründen der Familien-räson, sondern aus dem Glauben an Gott heraus Priester wurde. Eines der anschaulichsten Beispiele für das Gegenteil dürfte Clemens VII. gewesen sein. Die Wahl dieses Giulio de' Medici im Jahr 1523 bedeutete für seine einflussreiche Familie einen Hauptgewinn. Papst Clemens, der bereits mit 25 Jahren Bischof von Florenz war, unternahm alles, um seinen Clan wieder an die Macht zu bringen. Es gelang ihm, Alessandro de' Medici – wahrscheinlich sein unehelicher Sohn – mit der Tochter von Kaiser Karl V. zu verheiraten. Ob ein Mann wie Clemens VII. überhaupt die Zeit hatte, an Gott zu glauben, während er seine steile Kirchenkarriere plante, steht dahin. Jorge Mario Bergoglio hingegen ist ein Spätberufener, er erlernte zunächst einen Beruf, verliebte sich, lebte von Nebenjobs, bevor er sich dazu entschloss, Priester zu werden. Mit seiner Entscheidung, in den Jesuitenorden einzutreten, verbaute er sich den Weg nach oben weiter. Denn es gehört nicht zum Selbstverständnis der Jesuiten, als Bischöfe oder gar Kardinäle der Kirche zu dienen. Nur sehr selten gelangen sie in ein so hohes Amt. Und ein Amt vor allen schien Jorge Mario Bergoglio von vornherein versperrt: das des Papstes. Nie zuvor in der zweitausendjährigen Geschichte der katholischen Kirche stand ein Mitglied seines Ordens an ihrer Spitze – Franziskus ist der erste Jesuit auf dem Stuhl Petri. ∎

Erzbischof Bergoglio in der U-Bahn von Buenos Aires. Nichts zeigt den Mut dieses Mannes deutlicher als die Entscheidung, mit dem Stil seiner Vorgänger zu brechen und statt Luxuslimousine U-Bahn zu fahren.

◁ Die Kathedrale von Buenos Aires. Jorge Mario Bergoglio, der sich in die Politik seines Landes unüberhörbar einmischte, machte sie, nach Einschätzung des argentinischen Präsidenten Néstor Kirchner, zum Sitz der »wirklichen Opposition«.

▷ Johannes Paul II. schaut von einem Bild in der Kathedrale dem Erzbischof Jorge Mario Bergoglio zu. Es war dieser Papst, der Bergoglio zum Erzbischof und Kardinal machte und seine ungewöhnlichen Fähigkeiten erkannte.

Der Erzbischof von Buenos Aires versuchte jahrzehntelang, die Auswirkungen einer brutalen Militärdiktatur mit über 30 000 Todesopfern, die man zum großen Teil einfach verschwinden ließ, zu lindern.

▷ Das Lächeln täuscht. Joseph Ratzinger, alias Benedikt XVI., hatte sich jahrzehnte-lang eine heftige Schlacht mit den Befreiungstheologen in Lateinamerika geliefert, die Jorge Mario Bergoglio unterstützte.

GOTT GIBT NIE AUF

FRANZISKUS UND SEIN GOTTESBILD

In Buenos Aires spielt sich ein weiteres Ereignis ab, das für das Leben von Jorge Mario Bergoglio die Weichen stellen wird: seine Begegnung mit Gott. In diesem Zusammenhang ist erstaunlich zu sehen, wie unterschiedlich Gott sich den letzten drei Päpsten zeigte.

Für den heiligen Papst Johannes Paul II. war Gott ein kriegerischer Gott, ein Schöpfer des Alls, dem ein Krieg aufgezwungen worden und dessen wichtigste Waffe eine Frau war, Maria, die Mutter von Jesus. Es gibt nichts, was Karol Wojtyla unternahm, das nicht in irgendeiner Weise mit Maria verbunden war. Sie ist aber nicht nur die liebevolle Mutter, die Karol Wojtyla in seinem Leben nie hatte, weil seine eigene so früh starb. Sie ist vor allem die Schutzmantel-Madonna, die Mutter Gottes, die vor den Panzern und Kalaschnikows der Sowjets schützte. Ich habe einige Episoden erlebt, die zeigten, wie extrem diese Marienverehrung bei Karol Wojtyla war und wie existenziell der Kampf gegen die Sowjets und ihre Helfer Papst Johannes Paul II. geprägt hatte. Als im Jahr 1995 in der Hafenstadt Civitavecchia bei Rom eine Muttergottesstatue aus Gips angeblich Blut weinte, lehnten viele im Vatikan das Phänomen sofort als Betrug ab. Aber dann beschlagnahmte die Polizei die Statue, und das muss Karol Wojtyla an den Kampf hinter dem Eisernen Vorhang erinnert haben, als die Polizei Muttergottesstatuen aus Kirchen entfernte. Obwohl die Erscheinung von Civitavecchia im Vatikan, etwa beim Chef der Glaubenskongregation, als Hokuspokus galt, ließ Karol Wojtyla seinen Vertrauten Kardinal Andrzej Maria Deskur nach Civitavecchia fahren, um für die von der Polizei beschlagnahmte Muttergottesstatue eine Ersatzmadonna des Papstes dorthin zu bringen, die die Menschen verehren konnten.

Karol Wojtyla und sein Gott waren längst ein eingespieltes Team, als er in den Vatikan kam. Wojtyla hatte eine ganze Reihe Narben als Spuren des heftigen Kampfs mit dem Sowjetreich ausheilen müssen. Der Sohn eines Soldaten aus dem Dorf Wadowice in Polen war gezeichnet vom gnadenlosen Angriff auf seinen Gott, der im kommunis-

In Civitavecchia soll im Frühjahr 1995 diese Muttergottesstatue Blut geweint haben. Für den Vatikan ist es Betrug, Papst Johannes Paul II. aber schickt seinen Freund Kardinal Andrzej Maria Deskur zum Gebet.

tischen Osteuropa mit allen Mitteln geführt wurde. Die Kirchen im Sowjetreich wurden gesprengt oder in Hühnerställe verwandelt, der Gott der Christen verspottet und die Gläubigen eingesperrt, wenn nicht gar umgebracht. Ein regelrechter Krieg. In einigen spektakulären Fällen versuchten die Sowjets eine totale Vernichtung jahrtausendealter Traditionen. Das berühmteste Beispiel ist die älteste Kirche der Welt, die armenische Kirche, die schon als Staatskirche anerkannt war, lange bevor Kaiser Konstantin die katholische Kirche zuließ. Die Sowjets verhafteten, ermordeten, vertrieben so viele Priester, dass zum Schluss niemand mehr übrig blieb bis auf das Oberhaupt der Kirche, das den Titel »Katolikos« trägt, und seinen Stellvertreter. Über fünfzehnhundert Priester waren verschwunden, ermordet worden. Die armenische Kirche stand nach siebzehnhundert Jahren vor der totalen Vernichtung.

Die Besuche von
Papst Johannes
Paul II. in den Län-
dern hinter dem Ei-
sernen Vorhang wie
hier in Polen werden
einen Aufstand der
katholischen Bevöl-
kerung gegen das
atheistische Regime
nach sich ziehen.

Gegen dieses Sowjetimperium führte Johannes Paul II. seinen Krieg mit aller Härte und ohne Unterlass. Gott und sein Papst waren vor allem Waffengefährten.

Der Gott von Papst Benedikt XVI. ist vollkommen anders. Es ist ein Gott, der dem griechischen Philosophen Platon gefallen hätte, ein perfekter Gott. Er hat mit dem Haudegengott, den Karol Wojtyla anflehte und der in Nuvoa Huta bei Prozessionen, die die Polizei auflösen wollte, mithalf, den Bau einer Kirche zu erzwingen, nichts zu tun. Es ist ein Gott, der dem deutschen Papst nicht etwa Unterstützung in einem Krieg anbietet, es ist ein Gott, der den Menschen ein einzigartiges Geschenk macht: die Möglichkeit, an ihn zu glauben – so sieht das Papst Benedikt XVI. Die Belange dieser Welt, ob Kinder sich Schultaschen leisten können oder Mütter und Väter Arbeit haben, interessieren Joseph Ratzinger nicht wirklich. Was ihn interessiert, ist der Mensch, der an Gott glaubt. Der Glaube ist sein großes Thema. In den Jahrzehnten stillen Denkens in Studierzimmern ist diese Frage nach dem Glauben an Gott das, was den Papst antreibt. Für Papst Benedikt XVI. ist es dem Menschen in die Wiege gelegt, an Gott zu glauben. Es ist Teil seiner Natur.

In Buenos Aries aber macht der junge Jorge Mario Bergoglio eine entgegengesetzte Erfahrung. Der Gott, der ihn fasziniert, ist kein kriegerischer und kein perfekter Gott. Es ist ein Gott, der etwas Erstaunliches unternimmt, auch mit Jorge Mario Bergoglio. Er sucht ihn, wieder und wieder. Diese Tatsache, dass Gott immer schon da ist, dass er alles unternimmt, nichts unversucht lässt, um sich den Menschen, seien sie nun gläubig oder nicht, zu nähern, lässt den Mann aus Flores nicht los. Für Bergoglio ist Gott ein tätiger Gott. In diesem Punkt ist er dem Gott des Karol Wojtyla ähnlich. Aber im Unterschied zu Papst Benedikt XVI. sieht Jorge Mario Bergoglio es keineswegs als natürlich an, dass Menschen an Gott glauben. Was Bergoglio sprachlos macht, ist, dass dieser Gott nie aufgibt, dass er immer wieder versucht, sich den Menschen auf neue Weise zu zeigen. Das ist die entscheidende Erfahrung des jungen Jorge Mario Bergoglio in Buenos Aires. Er suchte diesen Gott nicht in den Kirchen seiner Heimatstadt; er entdeckte, dass dieser Gott längst da ist, dass er auf ihn, den jungen Sohn aus einer Eisenbahnerfamilie, längst gewartet hat.

Karol Wojtyla fand seinen Gott, während die Mörder der Armeen Hitlers Theologiestudenten im Untergrund wie ihm nachstellten, um sie in Konzentrationslagern umzubringen. Benedikt XVI. fand Gott in der durch Frömmigkeit geprägten Familie im katholischen Bayern; bereits als Kind nahm er Gott mit offenen Armen auf. Aber Jorge Mario Bergoglio ging zunächst einen anderen Weg, den normalen Weg eines ganz normalen Mannes. Er verliebte sich, arbeitete als Chemielaborant, ging zum Fußball und zum Tanzen. Im Jargon der katholischen Kirche ist er ein Spätberufener, was extrem selten ist für einen Papst – und vielleicht liegt gerade darin das Geheimnis seiner Revolution, die Kirche zurück zu Jesus führen zu wollen.

Ich weiß, wie viel Ärger ich mir damit einhandle, wenn ich das Folgende schreibe. Aber ich frage mich, ob das Phänomen Jorge Mario Bergoglio nicht radikal die Frage aufwirft, welche Päpste überhaupt an Gott geglaubt haben. Kann ein kriegerischer Julius II. oder der brutale Sixtus IV. wirklich an die Lehre des Jesus von Nazareth geglaubt haben? In Buenos Aires ereignete sich dagegen etwas Einzigartiges: Gott bringt Jorge Mario Bergoglio von seinem eigentlich schon eingeschlagenen Weg eines Arbeiters und Familienvaters ab. Er lässt alles stehen und liegen und beginnt, Theologie zu studieren. Liegt hier das Besondere an diesem Mann?

Fast allen anderen Vorgängern dieses Papstes wurde Gott nachgerade aufgedrängt. Um gleich beim Beispiel des zutiefst korrupten und kriegerischen Sixtus IV. zu bleiben, der einen tödlichen Tobsuchtsanfall bekommen haben soll, weil der Krieg mit Venedig endete: Dieser Papst, der den Vatikan als Familienbesitz betrachtete, wurde bereits im zarten Alter von sieben Jahren in geistliche Obhut gegeben. Ihm blieb gar nichts anderes übrig, als den Weg eines Gottesmannes zu gehen. Aber das Erlebnis, das seinen Nachfolger Papst Franziskus so sehr prägen sollte, blieb ihm verwehrt: die Entdeckung Gottes. In der Geschichte der Päpste gibt es nur ganz wenige unter den Nachfolgern Petri, die nicht schon durch ihre Familie für den geistlichen Stand bestimmt wurden, also ohne je frei entscheiden zu können, auf den Weg geschickt wurden, der mit Gott zu tun hatte. Interessant ist das Beispiel des Papstes, der die katholische Kirche länger regierte als jeder andere, Pius IX. (Papst zwischen 1846 und 1878). Die Bindungen der adeligen Familie, aus der Giovanni Maria Mastai Ferretti stammte, an die Kirche waren so eng, dass der junge Mann, obwohl Epileptiker, mit aller Macht auf die Straße einer Kirchenkarriere gebracht wurde, die ihn schließlich sogar Papst werden ließ. Sein Onkel, der Kanoniker Angelo Mastai Ferretti, taufte ihn, und mit nur elf Jahren kam Giovanni Maria in das Seminar der Scolopi Patres, die Adelige auf den Stand des Priesters vorbereiteten. Trotz anhaltender epileptischer Anfälle, die erst später verschwanden, wurde er Priester.

Welch ein Unterschied zu Papst Franziskus. Sein Schlüsselerlebnis ist der Moment, als er merkt, dass er Gott nicht auf verschlungenen Pfaden suchen muss, sondern dass – wann immer der Mensch innehält und Gott eine Chance gibt, sich ihm zu nähern – Gott sich stets offenbart. Dass dieser Gott zur Stelle ist und alles unternimmt, um von den Menschen entdeckt zu werden, das ist das Geheimnis des Jorge Mario Bergoglio. Diese Entdeckung bringt ihn dazu, Priester und Ordensmann zu werden. Der Gott des Jorge Mario Bergoglio unterscheidet sich in einem Punkt radikal vom Gott seiner beiden Vorgänger. Er ist kein strafender Gott; er ist ein Gott, der seine Schöpfung und damit natürlich auch die Menschen liebt. Das Außerordentliche dieses Gottes ist, dass er den Menschen immer verzeiht.

Den Gott des Karol Wojtyla müssen die schlimmsten Sünder durchaus fürchten. Für Karol Wojtyla sind die schlimmsten Sünder alle jene Machthaber, die den Menschen den Glauben an Gott mit Staatsterror und Gewalt austreiben wollen, und vor allem jene Priester und Ordensleute, die der Kirche, der sie angehören, schaden. Das mit Abstand spektakulärste Beispiel für den Unterschied zwischen Papst Franziskus und dem strafenden Gott Karol Wojtylas ist der Fall des Ernesto Cardenal. Der in Spanien geborene Trappistenpater war von Papst Johannes Paul II. wegen seiner politischen Tätigkeit als Kulturminister der sandinistischen Regierung 1985 als Priester suspendiert worden. Im März des Jahres 1983, bei einem Papstbesuch in Nicara-

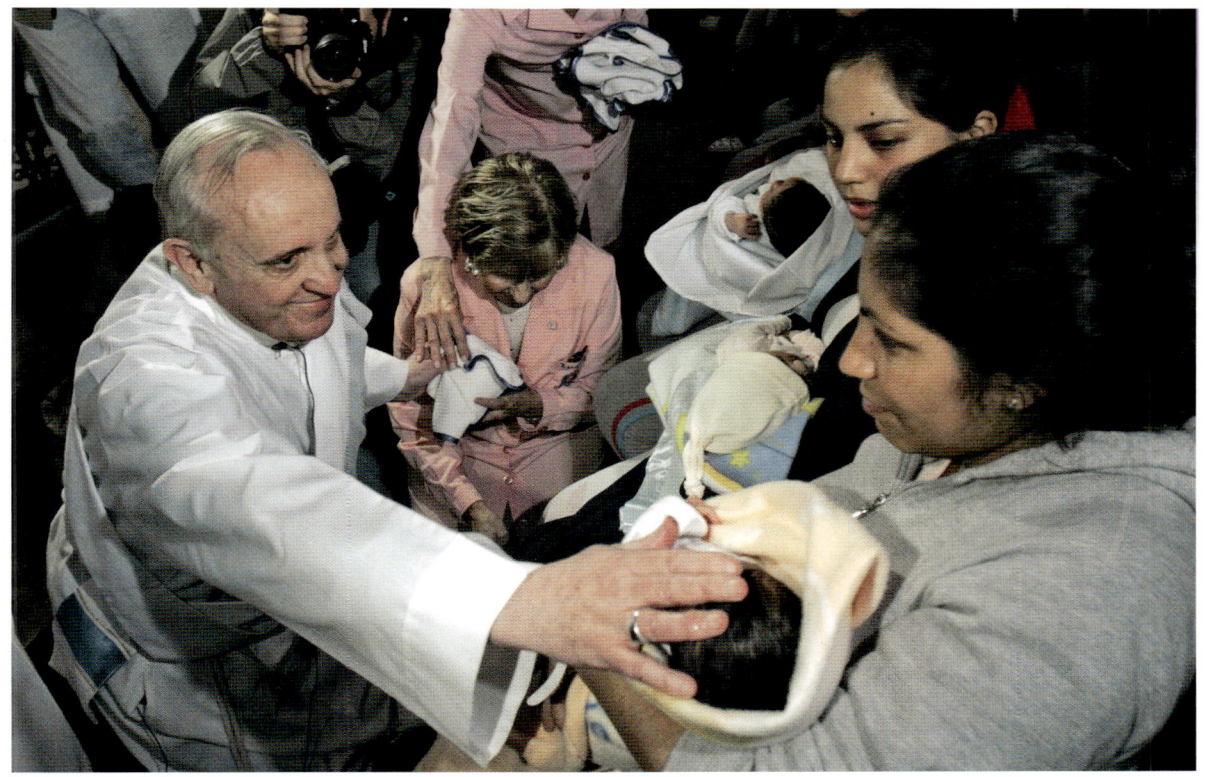

gua, brüllte Johannes Paul II. den Trappistenpater auf dem Rollfeld des Flughafens von Managua öffentlich zusammen. Für Karol Wojtyla war der Fall vollkommen klar: Ein Pater, der sich gegen Gottes Kirche und damit gegen Gott stellte, musste den Zorn zu spüren bekommen, mit aller Härte. In der Welt des Karol Wojtyla herrschte ein Krieg, die Kommunisten ermordeten die katholischen Priester und sperrten die Gläubigen ein, und dann machte dieser Trappistenpater mit den Kommunisten in Nicaragua gemeinsame Sache. Gott musste über solche Priester äußerst erzürnt sein, so sah das zumindest Karol Wojtyla.

Der Gott von Jorge Mario Bergoglio dagegen ist kein zorniger Gott. Als Papst Franziskus seinen Fall »Ernesto Cardenal« erlebt, reagiert er völlig anders. Der ultrakonservative Kardinal Raymond Leo Burke, der die Messe gern in weißen Handschuhen wie vor dem Zweiten Vatikanischen Konzil feiert, verhält sich im Grunde nicht anders als Ernesto Cardenal; er stellt sich offen gegen den Papst. Burke nennt die Kirche unter dem Pontifikat von Papst Franziskus ein »Schiff ohne Steuer«, dem päpstlichen Schreiben *Amoris Laetitia* spricht er eindeutig seine Verbindlichkeit ab. Burke erklärt, dass die Bemühungen des Papstes in der Frage wiederverheirateter Geschiedener für die gesamte Kirche überflüssig und sinnlos seien; es seien lediglich ein paar Reflexionen, an die Gläubige und Kirche sich nicht halten müssten. Papst Fran-

Jorge Mario Bergoglio verbrachte fast sein ganzes Priesterleben als Straßenpfarrer. Bei den Armen fühlt er sich zu Hause und nicht im Studierzimmer, wie es sein Vorgänger im Amt des Papstes bevorzugt hat.

ziskus lässt das nicht mit sich machen und reagiert. Burke wird als wichtigster Richter des Vatikans abgelöst und auf den bedeutungslosen Posten eines Kardinalspatrons des Malteserordens abgeschoben. Doch im Gegensatz zu Karol Wojtyla geschieht das alles wie bei einer normalen Auseinandersetzung, wenn verschiedene Positionen aufeinanderprallen. Einen Papst, der vor Zorn Gottes sprüht, gibt es im Vatikan des Franziskus nicht.

Noch ein Ereignis prägte den jungen Jorge Mario Bergoglio in Buenos Aires: seine schwere Lungenerkrankung. Wenn er an diese Krankheit zurückdenkt, dann erscheint Jorge Mario Bergoglio, wie er häufig sagt, das Bild der besorgten Augen seiner Mutter. Die Angst in ihren Augen muss dem kranken, damals Einundzwanzigjährigen gezeigt haben, wie ernst es um ihn stand und dass die Krankheit kein gutes Ende nehmen könnte. Die Ärzte entnahmen Jorge, wie damals üblich, einen Teil der Lunge, und er wurde wieder vollkommen gesund. Die Krankheit und die Angst vor dem Tod haben aber mit Sicherheit Spuren hinterlassen. Ich glaube, dass diese Erfahrung zu seiner Entscheidung beitrug, Priester zu werden.

Viele Begegnungen mit Geistlichen lassen mich vermuten, dass Männer, die in ihrer Jugend auf dramatische Weise bei sich oder anderen erlebt haben, wie schnell das Leben zu Ende sein kann, häufiger Priester werden als andere. Ich erinnere mich an ein Gespräch mit einem katholischen Pfarrer, der in seiner Jugend an Krebs erkrankte und geringe Chancen hatte zu überleben. Auf meine Frage, ob diese Angst vor dem Tod dazu beigetragen habe, Priester zu werden, sagte er: »In der Zeit, als ich damit rechnen musste, nur noch sehr wenig Zeit zum Leben zu haben, hat sich etwas in mir verändert. Danach, als ich langsam geheilt wurde, kam es mir unsinnig vor, ein Leben zu führen, das nicht auch den Tod einschließt. Der Tod zog damals in mein tägliches Leben ein, aber ich empfand das nicht als bedrohlich, sondern eher als Erleichterung. Es ergab für mich keinen Sinn, ein Leben zu führen, das vorgab, der Tod existiere nicht. Obwohl das viele Menschen mit Erfolg zu tun scheinen. Ich glaube, dass jeder, der Priester wird, einen ähnlichen Schritt vollzieht wie ein Schwerkranker, der sich schon einmal im Angesicht des Todes sah. Man kann, selbst wenn man es will, nach einer schweren Krankheit nicht mehr so tun, als gäbe es den Tod nicht. Und man kann nur dann Priester werden, wenn man eben nicht verdrängen will, dass der Tod unausweichlich ist. Ansonsten ist es besser, man macht etwas anderes.« ∎

▷ Erzbischof Bergoglio während einer Messfeier: Er wird seine Priester für Gottesdienste Garagen mieten lassen; denn wenn die Menschen nicht zur Kirche kommen, dann muss die Kirche eben zu ihnen kommen.

Auch als Bischof besucht Jorge Mario Bergoglio immer wieder die Gemeinden.

Die Armen von Buenos Aires nennen Bergoglio stets »unseren Bischof«. Er trinkt mit ihnen Matetee, hört zu und hilft, wo er kann. *(Mitte)*

Bergoglio sucht die Menschen mitten im Leben auf, denn für ihn sind ihre irdischen Nöte nicht zweitrangig. *(unten)*

◁ Jorge Mario Bergoglio bei einer Fußwaschung: Ein Blechnapf reicht, prächtige liturgische Gegenstände aus Gold und Silber sind ihm ein Gräuel.

Seine in Kindheit und Jugend gereifte Überzeugung, dass er selber und die Kirche an die Seite der Armen gehören, wird das Leben des Jorge Mario Bergoglio und seinen Aufstieg zum Bischof in Buenos Aires prägen. Zunächst sieht alles nach einer steilen Karriere aus. Er ist erst 37 Jahre alt, als er 1973 den Spitzenposten der argentinischen Jesuiten übernimmt und Provinzial wird. Bergoglio wird ausgerechnet in einer Zeit oberster Jesuit von Argentinien, als das Land auf eine Katastrophe zusteuert. 1976 übernimmt das Militär die Macht und errichtet eine Diktatur, die sieben Jahre lang das Land in ein Schlachthaus verwandeln wird. Bergoglio hat keinerlei Sympathien für die Obristen und sieht mit Entsetzen, wie der organisierte Staatsterror 30 000 Menschen das Leben kostet. Bergoglio hat von Anfang an keine Chance, den Konflikt zwischen der Diktatur und dem Jesuitenorden zu vermeiden. Denn er steht auf der Seite der kleinen Leute. Das Militär hingegen will vor allem die Interessen der Reichen schützen und jede politische Organisation der Arbeiter unterbinden.

Der Konflikt eskaliert. Aufseiten der Arbeiter kämpft die Guerilla der Monteneros, die aus einem linksextremen Flügel der Peronisten entstanden ist. Dass der Jesuitenchef Bergoglio diesen Juan Peron bewundert hat, macht ihn in den Augen der Militärs verdächtig. Im Hauptquartier der Jesuiten in Rom herrscht Entsetzen, weil er zulässt, dass einige Patres selbst in den schlimmsten Slums versuchen zu helfen. Das ist gefährlich, weil die Slumbewohner häufig in Kontakt mit den Monteneros stehen sollen. Die Katastrophe findet am 23. Mai 1976 statt: Die beiden Jesuitenpatres Franz Jalics und Orlando Yorio werden vom Militär entführt und tagelang gefoltert. Schwer verletzt überleben sie und können Argentinien verlassen; aber ihr Schicksal wird den Jesuitenorden, Bergoglio als seinen Provinzial in Argentinien und auch das Verhältnis zur Zentrale in Rom in einen Dauerkonflikt stürzen. Teile des Ordens werden Bergoglio beschuldigen, nicht genug für die ihm anvertrauten Patres getan oder sie gar verraten zu haben; andere hingegen glauben, dass sie Bergoglio und seinen Gesprächen mit den Militärs ihr Leben verdanken. Vermutlich hätte Bergoglio im Chaos des brutalen Bürgerkriegs und aufgrund seiner Überzeugung, den Armen helfen zu müssen, den Konflikt nicht verhindern können. Im Jahr 1979 wird Jorge Mario Bergoglio als Provinzial des Jesuitenordens abgesetzt und auf einen unbedeutenden Posten in der Provinz verschoben. Dies scheint vorerst das Ende seiner Kirchenkarriere zu bedeuten. ∎

Junge Menschen, besonders wenn sie keine Arbeit haben, liegen dem Erzbischof am Herzen. Er wird immer wieder das Recht auf Arbeit als ein Menschenrecht einklagen.

Der Papst mit der Fahne seines Lieblingsfußballclubs San Lorenzo de Almagro in Buenos Aires. Als echter Fan zahlt er, obwohl seit Jahrzehnten Ehrenmitglied, immer seinen Beitrag. *(unten)*

< Als Redner fürchten die argentinischen Präsidenten aus dem Hause Kirchner den Erzbischof: Wegen seiner Attacken wechseln sie am Nationalfeiertag lieber die Kirche.

Der Hauptaltar des Petersdoms: Das Schicksal katapultiert diesen Jorge Mario Bergoglio, der als Priester immer an die Peripherie pilgerte, ins Zentrum der Kirche.

▷ Einem Mann, der als in sich gekehrt, mürrisch und von Traurigkeit niedergedrückt gilt, gelingt es, sich in einen strahlenden, scherzenden, lachenden Papst zu verwandeln, dem die Herzen zufliegen.

DIE WUNDERSAME WANDLUNG

WIE JORGE MARIO BERGOGLIO SICH NEU ERFAND

In den Stunden nach der Wahl von Jorge Mario Bergoglio zum Nachfolger des heiligen Petrus geschah etwas für eine Papstwahl Ungewöhnliches. Die Entscheidung für einen Papst, der ein »unbeschriebenes Blatt« war wie Jorge Mario Bergoglio, also im Vatikan so gut wie unbekannt, bringt stets das gleiche Phänomen mit sich. Die engen Freunde und Bekannten des neuen Kirchenoberhaupts loben den Mann, beschreiben seine Fähigkeiten und versichern, dass er sie zum Wohl der Kirche einsetzen wird. So war es bei Karol Wojtyla, über den in Rom kaum jemand etwas wusste. Diejenigen, die ihn kannten, wie der Wiener Kardinal Franz König, der seine Wahl vorbereitet hatte, versicherten, dass der Bischof von Krakau die katholische Kirche mit Weisheit führen würde. Doch innerhalb der Kurie herrschte damals eher Skepsis gegenüber dem gänzlich unbekannten Mann aus Polen. Die Skepsis blieb.

Nach der Wahl von Jorge Mario Bergoglio konnte man aber das genaue Gegenteil beobachten. Seine engsten Freunde und Weggefährten priesen keineswegs die Fähigkeiten Bergoglios, sondern machten keinen Hehl daraus, dass der Erzbischof von Buenos Aires ihrer Ansicht nach ungeeignet sei für das Amt des Papstes. Dieser Mann sei ausgesprochen scheu, mürrisch und überhaupt nicht in der Lage, Menschen zu begeistern. Das Pontifikat des ebenfalls menschenscheuen Papstes Benedikt XVI. hatte dem Vatikan eindrucksvoll vor Augen geführt, wie schwierig die Arbeit werden konnte, wenn ein schüchterner Papst regierte, der wie Joseph Ratzinger von sich selber sagte, dass er »nicht gern im Mittelpunkt« stehe. Jetzt schien sich das Drama zu wiederholen. Jorge Mario Bergoglio hatte sich als Erzbischof von Buenos Aires stets geweigert, ein Bad in der Menge zu nehmen. Das war an sich schon schlimm genug. Erschwerend kam hinzu, dass Bergoglio meist ausgesprochen niedergeschlagen, schlecht gelaunt und abweisend gewirkt hatte. Aber wie sollte ein so mürrischer, menschenscheuer Papst die Massen auf dem Petersplatz begeistern?

Johannes Paul II., während ihn Gläubige zärtlich streicheln: Nie zuvor hatte ein Papst weltweit so viele Menschen bewegt und damit ein neues Verständnis des Amtes geschaffen. Franziskus macht genau da weiter.

Was dann geschah, gilt vielen Männern Gottes im Vatikan als ein regelrechtes Wunder. Der eigenbrötlerische Jorge Mario Bergoglio verwandelte sich in einen Superstar mit Entertainerqualitäten. Der Papst scherzte mit Artisten aus dem Zirkus, streichelte Tiger, spielte geduldig mit Kindern, die um seinen Sessel auf dem Petersplatz herumstrichen. Seine ehemaligen Mitarbeiter, die Priester in Buenos Aires, konnten es nicht fassen. Sie schrieben ihm einen Brief, in dem sie fragten: »Warum hast du uns dein Lächeln verwehrt?«

Am meisten verwunderte allerdings, wie eine solche Wandlung überhaupt möglich war. Wie hatte sich ein immerhin sechsundsiebzigjähriger Mann so schnell so radikal verändern können?

Dass Jorge Mario Bergoglio in seinem Heimatland nicht gerade als Strahlemann galt, hat einen einfachen Grund. In Buenos Aires führte Bergoglio einen Kampf, einen langen, zähen Kampf.

Die Kirche von Erzbischof Bergoglio kann man nur dann verstehen, wenn man nochmals an dessen Kindheit und Jugend denkt. Er war immer ein Mann der kleinen Leute, wuchs unter kleinen Leuten auf und bewunderte die sozialen Reformen der Ära Peron. In diesem

Punkt ist er gänzlich anders als sein Vorgänger im Amt des Papstes Benedikt XVI. Joseph Ratzinger machte nie einen Hehl daraus, dass er sich in der Gesellschaft Adeliger wohlfühlt. Die Regensburger Prinzessin Gloria von Thurn und Taxis gehörte zu den hochdekorierten Dauergästen am Hof des Papstes. Ich erinnere mich gut daran, wie er ihr und ihrer Freundin Alessandra Borghese während seines Besuchs in Bayern im Jahr 2006 Ehrenplätze reservieren ließ.

Alles undenkbar für Jorge Mario Bergoglio. Mächtige machen keinerlei Eindruck auf ihn, im Gegenteil, sie reizen ihn zum Widerstand. Vielleicht hätte sich sein Charakter anders entwickelt, wenn er nicht dem Jesuitenorden beigetreten wäre. Die lateinamerikanischen Jesuiten sind stets Macher gewesen. Sie bauten ein in der Geschichte der Kirche einzigartiges staatenähnliches Gebilde auf, auch zum Schutz der Ureinwohner. Diese Reduktionen existierten hundertfünfzig Jahre lang, bis zu ihrer Zerschlagung im Jahr 1767, und produzierten große Mengen Baumwolle, Tee und Fleisch. Jorge Mario Bergoglio sieht sich in dieser Tradition. Er war kein Erzbischof, der sich darauf beschränkte, in seiner Kirche die Messe zu zelebrieren; er mischte sich in die Gesellschaft und in die Politik seines Landes ein und stellte sich stets an die Seite der Schwachen, der einfachen Leute. Der Konflikt mit den

In Argentinien ist der scherzende Jorge Mario Bergoglio unbekannt. Dort kennt man seine Härte gegenüber den Mächtigen, wie hier dem Präsidenten Nestor Kirchner, mit dem er sich eine regelrechte Schlacht um moralische Werte liefert.

Mächtigen war vorprogrammiert. Wie seine Vorgänger, die Jesuiten-brüder Lateinamerikas, keinen Konflikt mit ihrem obersten Boss, dem Papst, fürchteten, kämpfte Bergoglio gegen den charismatischen Staats-chef Argentiniens, Nestor Kirchner.

Es gibt immer wieder irgendwo auf dem Globus Auseinanderset-zungen zwischen Politikern und Priestern; das liegt in der Natur der Sache. Gute katholische Priester werden versuchen, für ihre Gemein-den einzutreten, auch da, wo es wehtut. Ein guter katholischer Priester wird immer soziale Missstände anprangern. Aber nirgendwo war der Kampf zwischen einem Erzbischof und einem Politiker so hart wie in Buenos Aires. Zwei Merkmale fallen in dem Streit besonders auf: Erstens legte sich Bergoglio nicht mit irgendeinem Politiker, einem Bürgermeister oder Parteisekretär an, sondern mit dem Oberhaupt des Staates, Präsident Nestor Kirchner. Zweitens wurde der Streit mit einer solchen Härte ausgetragen, dass es zu einem weltweit einzigar-tigen Eklat kam. Argentinien ist bisher das einzige Land der Welt, in dem ein rebellischer Erzbischof, Jorge Mario Bergoglio, den Staatsprä-sidenten dazu brachte, dem höchsten Nationalfeiertag fernzubleiben – aus Angst vor den heftigen Predigten des Bischofs.

Am 25. Mai gedenkt Argentinien jedes Jahr des Tages, an dem 1810 zum ersten Mal eine autonome Regierung ihre Arbeit aufnahm. Es ist der Unabhängigkeitstag Argentiniens, und traditionell gehört ein Tedeum-Gebet im Dom dazu. Doch Jorge Mario Bergoglio nutzte nach der Wahl Nestor Kirchners im Jahr 2003 diese Gelegenheit, um den Präsidenten heftig zu attackieren. Er warf Kirchner Misswirtschaft und Korruption vor. Diese heftigen Attacken des Bischofs waren in Kürze in aller Munde, und Kirchner hatte die Nase voll davon, sich von dem rabiaten Erzbischof vorführen zu lassen. Statt im Dom von Buenos Aires den Nationalfeiertag zu begehen, suchte sich Nestor Kirchner künftig eine andere Kirche aus, so die im siebzig Kilometer entfernten argentinischen Wallfahrtsort Lujan. Als Nestor Kirchners Frau, Cristina Fernandez de Kirchner, ihrem erkrankten Mann im Amt des Staatspräsidenten folgte, blieb es bei dem Boykott. Auch Frau Kirchner hatte Angst vor den Predigten Bergoglios; erst nach seiner Wahl zum Papst kehrte sie wieder in den Dom von Buenos Aires zum Tedeum zurück. Bei den Auseinandersetzungen mit Nestor Kirchner ging es Bergoglio stets um seine Forderung, dass in Wirtschaft und Politik die Menschen im Mittelpunkt zu stehen hätten. Bergoglio sah es als seine Pflicht an, den Schwachen beizustehen, wie etwa in dem 129 Tage währenden Streit zwischen den Bauern und der Regierung wegen der Erhöhung der Exportsteuern für Mais und Soja.

Diese Jahre der Auseinandersetzungen hatten Bergoglio viel Kraft gekostet. Mit Erreichen des fünfundsiebzigsten Lebensjahres neigte sich seine Amtszeit als Erzbischof dem Ende zu. Als Jorge Mario Bergoglio mit sechsundsiebzig Jahren zur Papstwahl nach Rom flog, schien die Zeit der Kämpfe vorbei zu sein. Dass noch ein neuer Lebensabschnitt auf ihn warten, eine Mammutaufgabe auf ihn zukommen könnte, hatte Jorge Bergoglio zweifellos befürchtet. Vor der Wahl hatte er mehrfach betont, dass er es leider für nicht völlig ausgeschlossen halte, das Joch des Papstes zu tragen. Aber sicher hatte er auch gehofft, dass der Kelch, bis ans Ende seiner Tage sieben Tage die Woche arbeiten zu müssen, an ihm vorübergehen würde. Doch dann kam der kalte 13. März 2013, und Jorge Mario Bergoglio wurde in der Sixtinischen Kapelle zum 265. Nachfolger des heiligen Petrus gewählt. In diesem Augenblick muss Jorge Mario Bergoglio blitzartig eines klar geworden sein: Er musste einen neuen Menschen aus sich machen. Der mürrische Jorge Mario Bergoglio musste verschwinden, und ein lächelnder, strahlender, die Massen begeisternder Papst musste entstehen.

Dass Papst Franziskus dieses Kunststück gelang, fasziniert vor allem seine engsten Freunde. Ich habe so manche deutschen Missionare kennengelernt, die in Argentinien über Jahrzehnte eng mit Jorge Mario Bergoglio zusammenarbeiteten, und sie sind sich in ihrem Urteil einig. Dass der schweigsame, eigenbrötlerische Mann sich in diesen die Massen auf dem Petersplatz mit sich reißenden Papst verwandeln könnte, der innerhalb und außerhalb der Kirche Menschen fasziniert, hätten sie für ausgeschlossen gehalten. Nur manchmal, entweder beim Essen im Haus der heiligen Martha oder auch während Gottesdiensten oder wenn Papst Franziskus müde ist, kehrt der andere, niedergeschlagene und düstere Jorge Mario Bergoglio zurück. Er scheint in solchen Augenblicken ein anderer Mensch zu sein, in sich gekehrt, als wäre er nach einem langen, ermüdenden Kampf geschlagen worden. Oft habe ich mich gefragt, was dann mit ihm geschieht, was der Papst denkt, was ihn bewegt. Reist er in Gedanken zurück nach Argentinien, in die Zeit des zermürbenden Kampfes mit Nestor Kirchner und seiner Frau, oder reist er in Gedanken noch weiter zurück in das Argentinien des Militärputsches?

Ich habe zwei andere Päpste erlebt, die ebenfalls mürrische Seiten hatten. Karol Wojtyla konnte erschreckend düster erscheinen; er hatte dann nachgerade einen verzweifelten Gesichtsausdruck, sprach aber nur ganz selten über den Grund. Tat er es doch, war das Gesagte erschütternd und beinah zu mystisch, um es zu verstehen. Karol Wojtyla fürchtete, dass Gott sich angeekelt von der Welt abwenden könnte.

Johannes Paul II. sagte, dass er am meisten von allem den Überdruss des Schöpfers fürchte, der mitansehen müsse, wie die Menschen in einer rasenden Orgie aus Todsünden sich und ihre Länder zerstörten. Im Jahr 1994 geriet Papst Johannes Paul II. regelrecht in Verzweiflung angesichts des Völkermordes an den Tutsi, ausgerechnet in einem der größten katholischen Länder Afrikas, wo zwischen 800 000 und einer Million Menschen bestialisch ermordet wurden. Damals wirkte Karol Wojtyla entsetzt und niedergeschlagen. Dieser heiliggesprochene Mann schien es zu spüren, wenn Gott sich abwandte und sich, wie Karol Wojtyla sagte, »in den Wolken verbarg«.

Die Kirche des Erzbischofs von Buenos Aires ist eine ernste Kirche. Nach der Wahl zum Papst werden ihn seine Priester aus der Heimat fragen: Warum hast du uns jahrelang dein Lächeln verwehrt?

Ich glaube allerdings, dass die schlimmste Erfahrung dieses Papstes Polen betraf. Karol Wojtyla glaubte, dass die Muttergottes alles getan hatte, um Polen zur Freiheit zu verhelfen, einschließlich ihres Eingreifens beim Mordanschlag auf den Papst selbst, als am 13. Mai 1981 eine »unsichtbare Hand« die tödliche Kugel ablenkte. Gott hatte diesen Karol Wojtyla nach Meinung der frommen Polen gerettet, damit er den großen Kampf gegen das Sowjetimperium führen und gewinnen konnte. Gott hatte Polen so viel Gunst erwiesen, hatte alles getan, damit die Menschen ihre Religion wieder frei ausüben und ihrem Schöpfer danken konnten. Aber dann erlebte Karol Wojtyla seinen Albtraum: Nach dem Fall der Mauer und der Grenzöffnung strömten die Men-

Der Kampf des Papstes während der Generalaudienzen: Wenn es plötzlich zu regnen beginnt, fährt Franziskus im Papamobil ohne Schutz weiter durch die Menge der Menschen, grüßt, umarmt, obwohl er vollkommen durchnässt ist.

schen in die Einkaufszentren und nicht in die Kirchen. Das traf Karol Wojtyla wie ein Schlag. Die Menschen zeigten sich undankbar, nicht nur gegenüber dem Papst, das auch, aber vor allem gegenüber Gott. Dieser Gott würde sich nun – und ebendas fürchtete Karol Wojtyla – angewidert und enttäuscht, voller Abscheu von seiner Schöpfung abwenden. Diese Furcht ließ manchmal den düsteren Schleier über sein Gesicht fallen.

Papst Benedikt XVI. hingegen teilte seine Verzweiflung in einem dramatischen Brief der ganzen Welt mit. Der Mann, der Joseph Ratzinger wahrscheinlich besser kennt als irgendwer sonst, Bischof Joseph Clemens, der seit Jahrzehnten einen stets pünktlich eingehaltenen Telefontermin am Sonntagabend mit Joseph Ratzinger pflegt, zeigte sich damals von der Verzweiflung seines ehemaligen Chefs betroffen. »Das war ein Hilfeschrei«, sagte er mir. Joseph Ratzinger konnte einfach nicht verstehen, dass ausgerechnet die, die ihm nahestehen müssten, die Priester und Bischöfe, mit so viel Hass über ihn herfallen konnten. Er wusste, dass er im Amt Fehler gemacht hatte, aber dass dies eine solch unglaubliche Welle von Abscheu auslösen könnte, war ihm unbegreiflich.

Die mürrischen Augenblicke von Papst Franziskus haben andere Gründe. Auf die Frage, was ihn denn so bedrücke, sagt Papst Franziskus mir jedes Mal das Gleiche: »Es ist noch so viel zu tun.« Der Macher aus Argentinien hat eine ganz bestimmte Kirche vor Augen, die er gestalten möchte. Er hat einen sehr klaren Aufgabenzettel im Kopf, den er noch abarbeiten will. Was diesen Papst so niederdrückt, ist der Gedanke, dass er das, was er seiner Ansicht nach noch unbedingt schaffen muss, nicht erreichen könnte.

Die Anstrengung, die es ihn kostet, den mürrischen Bergoglio im Zaum zu halten, spürt man immer wieder. Wenn ich sehe, wie sehr der alte Mann sich abmüht, die Rolle des fröhlichen Papstes zu spielen, tut er mir unglaublich leid. Vielleicht gab es nichts anderes, das mir im Vatikan so zu Herzen ging. Dieser Jorge Mario Bergoglio kämpft mit einer unglaublichen Disziplin, wie ein Jesuit, ein Soldat Gottes, gegen den starken Wunsch an, einfach in Ruhe gelassen zu werden.

Er weiß, dass das nicht geht, dass man ihn nicht in Ruhe lassen kann. Er darf auch nicht den Eindruck erwecken, alles, was das Papstamt mit sich bringt, einfach über sich ergehen zu lassen. Er muss jetzt kämpfen, lachen, wenn ihm nicht danach ist, Interesse zeigen, wenn ihm etwas zuwider ist, Stunden und Stunden auf dem Petersplatz verbringen und immer wieder bis zur völligen Erschöpfung über den Petersplatz fahren. Es ist und bleibt ein harter Kampf. Ich erinnere mich an vollkommen verregnete Papstaudienzen, während der er, bis auf die Haut durchnässt, lächelnd und grüßend über den Petersplatz fuhr, während das Wasser aus den Ärmeln seiner Soutane lief.

Vielleicht liegt hier das größte Geheimnis dieses Papstes, in diesem unglaublichen Wandel; denn Jorge Mario Bergoglio war nichts fremder, als sich zu verstellen und eine Rolle zu spielen. Wer immer auch diesem 265. Nachfolger des heiligen Petrus begegnet, erlebt vor allem eine für die meisten unvergessliche Überraschung. Dieser Papst ist auf eine unglaubliche Art umgänglich. Er nimmt Besuchern sofort jede Befangenheit. Wenn ich zu ihm kam, um ihm meine Bücher über ihn zu bringen, war mir das oft peinlich. Ich wollte ihn nicht damit belästigen, sich meine Bücher aufdrängen zu lassen; aber es war jedes Mal völlig anders als erwartet. Papst Franziskus nahm nicht huldvoll meine Werke entgegen, sondern spielte ein wundervolles Spiel mit mir. Er tat jedes Mal so, als haute ihn die Tatsache, dass ich ein Buch über ihn geschrieben habe, völlig um. Er zeigte dann in gespielter Überraschung auf den Buchtitel mit der Geste: Du hast das geschrieben über einen wie mich, der es doch eigentlich gar nicht wert ist? So lief das Spiel jedes Mal ab. Damit war jeder Bann gebrochen. ■

Blitzartig kann sich sein Gesichtsausdruck ändern. Für seine Mitarbeiter immer eine Überraschung.

Wenn er so sorgenvoll aussieht, scheint nichts Geringes diesen Papst aus Argentinien zu quälen. *(Mitte)*

Die dunkle Seite des Jorge Mario Bergoglio verwandelt ihn an manchen Tagen in einen erschreckend bedrückt wirkenden Mann. *(unten)*

◁ Das andere Gesicht des Jorge Mario Bergoglio: Was geht in diesem Mann vor?

Manchmal scheint
ihm die Kraft zu
fehlen, den witzigen,
strahlenden, fröhli-
chen Papst aus sich
hervorzuzaubern.

▷ Wie schwer Papst
Franziskus dieses
Amt fällt und wie
sehr er unter dem
Kampf mit der
Kurie leidet, kann er
an manchen Tagen
nicht überspielen.

Nichts fasziniert die Mitarbeiter im Vatikan so sehr wie die verschiedenen Gesichter dieses Papstes. Franziskus scheint aus zwei Personen zu bestehen, und der Wechsel zwischen beiden vollzieht sich abrupt: Der niedergeschlagene, tieftraurige Jorge Mario Bergoglio scheint so in seiner Verzweiflung gefangen zu sein, dass es Beobachter jedes Mal wieder verblüfft, wie sich dieser trübsinnig, ja depressiv wirkende Mann blitzartig in einen strahlenden Helden verwandeln kann, der die Massen auf dem Petersplatz begeistert. Wie ist das möglich, und vor allem, wer von den beiden ist der wahre Bergoglio?

Papst Franziskus ist sich dieser in seinem Innern widerstreitenden Gegensätze bewusst. Freunde müssen ihn immer wieder gemahnt haben: Jorge, du bist der Überbringer des Evangeliums, das ist eine frohe Botschaft. Das Christentum zeichnet sich nicht dadurch aus, traurige Wahrheiten an den Mann zu bringen. Du kannst nicht wie ein Miesepeter vor die Gläubigen treten. Jorge Mario Bergoglio hat diese Warnung wohl sehr ernst genommen, wie man heute sieht.

Doch wenn der Papst sich während einer seiner zahllosen Audienzen einmal unbeobachtet zu glauben scheint, wirkt es manchmal so, als bemächtige sich ur-

p ötzlich ein anderer Mensch dieses fröhlich aussehenden Argentiniers. Eine Art Gespenst der Enttäuschung und der Trauer, das ihn mit aller Macht überwältigt. Ich frage mich in solchen Augenblicken: Was passiert mit Franziskus, welcher Gedanke peinigt den Papst, wenn er so versunken erscheint? Ist das seine Art der Bußübung? Zwingt er sich, an die beiden Pater zu denken, für die er verantwortlich war und die von den Militärs vor vierzig Jahren grausam gequält wurden? Denkt er an die Macht seiner Feinde im Vatikan, oder fragt sich dieser alte Mann nur: Was mache ich hier? Wozu habe ich mich in dieses Pontifikat wählen lassen? Warum

habe ich nicht durchblicken lassen, dass ich das Amt des Papstes gar nicht will? War es also Eitelkeit? Das alles endet abrupt in der Sekunde, in der er aus seiner inneren Einkehr zu erwachen scheint. Dann reißt er sich schlagartig zusammen, und seinen Vertrauten zeigt er mit einem Augenzwinkern: Ich weiß, dass ich nicht so traurig wirken darf, natürlich bin ich erfüllt von der Freude der Botschaft Gottes; aber manchmal schaffe ich es einfach nicht, das auch zu zeigen. ∎

Wenn Papst Franziskus strahlt, wirkt er als der witzigste Mann, der je auf dem Thron Petri saß.

Papst mit Sombrero? Auch das kein Problem für Franziskus. Benedikt XVI. machte ebenfalls bei solchen Aktionen mit, wirkte aber stets ein wenig überfordert. *(Mitte)*

Franziskus kann von mitreißender Fröhlichkeit sein. *(unten)*

◁ Franziskus wird auch als der Papst in die Geschichte eingehen, der sich bei den Gläubigen für nichts, aber auch gar nichts zu schade ist. Selfie mit einem Jungen in Lateinamerika? Kein Problem.

Spaß mit einem Lamm
an der Krippe auf
dem Petersplatz: Die
Erzbischöfe tragen das
Pallium, den Schulter-
überwurf, zur Erinne-
rung, dass Jesus als
guter Hirte dargestellt
wird, der das Lamm
auf den Schultern trug.

▷ Gemessen an
seinen vielen steifen
Vorgängern scheint
der gestikulierende,
fröhliche Papst
Franziskus aus einer
völlig anderen Epo-
che zu stammen.

▷ Es gibt keinen Zweifel: Niemandem wendet sich der Papst mit so viel Herzlichkeit zu wie den Armen, die ihm begegnen.

ES GEHT UM ARMUT

DER EHRLICHSTE ORT IM VATIKAN

U m die Dimension des revolutionären Umbruchs zu verstehen, den Papst Franziskus ausgelöst hat und weiter vorantreibt, genügt es, sich eine Frage zu stellen: Was hatte der Vatikan bis zu dem Abend, als Jorge Mario Bergoglio auf den Balkon am Petersdom trat und sich den Namen jener Symbolfigur der Armut, also Franziskus, gab, mit den Armen zu tun? Welche Einrichtungen des Vatikans kümmerten sich um Arme? Wo gab es im Vatikan überhaupt Arme? Jesus von Nazareth hat sich sein Leben lang mit Armen umgeben. In Galiläa und später dann in Jerusalem waren ihm die Menschen, die am Rande der Gesellschaft standen, stets am nächsten, er zog sie regelrecht an. Bevor aber Jorge Mario Bergoglio sich den Namen des Franziskus von Assisi aussuchte, um seine Nähe zu den Armen zu betonen, was hatten die Päpste bis dahin mit Armen zu tun gehabt? Wann und wo begegneten sie ihnen? Hatte dieser Rabbiner aus Nazareth, der angeblich die katholische Kirche hatte gründen wollen, eine Kirche geprägt, die sich in seinem Namen in den zwei Jahrtausenden nach seinem Tod um die Armen kümmerte?

Die niederschmetternde Antwort lautet: Seitdem die Päpste in Rom als verehrte Bischöfe residieren, haben sie über mehr als fünfzehnhundert Jahre keine einzige Institution geschaffen, die sich im Lateran oder später im Vatikan, etwa mit Schlafsälen oder Essensausgaben, täglich und dauerhaft um Arme kümmerte. Seltsamerweise lässt das Engagement der katholischen Kirche für die Armen im Laufe der Jahrhunderte stetig nach, statt zuzunehmen.

In den Gemeinden der ersten Jahrhunderte bis in die Spätantike muss das Sammeln von Geld für Bedürftige noch eine sehr große Rolle gespielt haben. In der Apostelgeschichte wird der Verzicht der Urgemeinde auf Privatbesitz und ihre selbstlose Hilfe für Bedürftige im zweiten Kapitel, Vers 45, geschildert. »Sie verkauften Hab und Gut und gaben davon allen, jedem so viel, wie er nötig hatte.« Im Kapitel vier wird dieser »Kommunismus« der Urgemeinde noch einmal ge-

nauer geschildert. »Keiner nannte etwas von dem, was er hatte, sein Eigentum, sondern sie hatten alles gemeinsam.«

Ein Papst wie Sixtus IV., der allein aus Geldgier den Krieg gegen Venedig fortsetzen wollte und angesichts des Friedensschlusses vor Zorn gestorben sein soll, hätte mit diesem Grundsatz, auf Eigentum zu verzichten, in seinem apostolischen Palast sicher nichts anfangen können.

Auch die umstrittene Episode der Apostelgeschichte über Hananias und seine Frau Saphira war den Päpsten offensichtlich keine Warnung. Im fünften Kapitel fallen beide tot um, weil sie einen Teil des Erlöses aus einem Grundstücksverkauf für sich behalten hatten. Diese Episode ist deswegen umstritten, weil sie eine so radikale Geschichte erzählt. Im Grunde verhalten sich Saphira und Hananias als vorbildliche Christen. Sie verkaufen ihr Privatgrundstück, um den Erlös der Gemeinde zu geben. Dass sie auch nur einen Teil davon für sich behalten, reicht, um sie vom Leben in den Tod zu befördern. Sehr wahrscheinlich haben die Autoren diese Geste als Warnung in die Apostelgeschichte hineingeschrieben; in den textkritischen Kommentaren

Der heilige Franziskus am Thron vor Maria. Bei aller Prachtentfaltung scheinen die Päpste vergessen zu haben, dass sie einst in dem bettelarmen Franziskus einen Erneuerer der Kirche sahen.

sind sich seit vielen Jahren die Fachleute einig, dass sich die Geschichte so nicht zugetragen haben wird.

Päpste wie Leo X. griffen ohne Bedenken zu ihrem eigenen Vorteil in die Schatztruhen der Kirche. So leistete er sich einen Zwerg, der als Spaßmacher auftrat. Wenn er nicht lustig genug war, soll der Papst befohlen haben, ihn auspeitschen zu lassen. Im sechsten Kapitel der Apostelgeschichte geht es um einen überaus interessanten Streit. Immer wenn ich diese Stelle lese, frage ich mich, ob jene Päpste, die das immense Vermögen der Kirche zusammenrafften, einen Staat errichteten und Kriege führten, die Bibel überhaupt je gelesen haben – und wenn ja, ob sie sich über sie lustig machten.

In den Versen eins und zwei des sechsten Kapitels geht es um einen Streit um den Dienst bei der Essenausgabe:

»In diesen Tagen, als die Zahl der Jünger zunahm, begehrten die Hellenisten gegen die Hebräer auf, weil ihre Witwen bei der täglichen Versorgung übersehen wurden. Da riefen die Zwölf die ganze Schar der Jünger zusammen und erklärten: Es ist nicht recht, dass wir das Wort Gottes vernachlässigen und uns den Dienst an den Tischen widmen.«

Die Erzählung endet damit, dass sieben Männer, unter ihnen der heilige Stephanus, zum Dienst bei Tisch auserwählt wurden.

Diese Geschichte ist unter vielen Aspekten bedeutsam, denn sie zeigt, dass in der Urkirche selbst die »Spitzen der Gemeinde«, wie Stephanus, den die Apostelgeschichte einen »Mann erfüllt vom Glauben und vom Heiligen Geist« nennt, einen Teil ihrer Zeit bei Tisch den Witwen widmeten. Die Spitzen der Urgemeinde empfanden es also als einen Teil ihrer Aufgaben, die ihr Glaube ihnen auferlegte, Witwen mit Speisen zu versorgen. Wie weit sich die Päpste davon entfernt haben, ist kaum zu fassen. Witwen persönlich mit Speisen zu versorgen, gehörte nicht zu ihrem Selbstverständnis. Sie ließen sich mit silbernen Trompeten ankündigen und von einer Nobelgarde begleiten, sie ließen sich auf einer Sedia Gestatoria (noch Papst Johannes Paul I. im Jahr 1978) durch den Petersdom tragen und hatten selbst während der Gottesdienste einen Vorkoster (Mundschenk).

In der Urgemeinde scheint es hingegen wichtig gewesen zu sein, die Bedürftigen mit Speisen zu versorgen. Auch wenn man mit den Zahlen der Bibel vorsichtig sein muss, scheint die Erwähnung, dass sieben Männer, inklusive des heiligen Stephanus, bei Tisch Bedürftige bedienten, von Bedeutung. Die Zahl Sieben ist vermutlich als symbolisch zu betrachten, legt aber dennoch nahe, dass dieser Tischdienst nicht nur von sehr wenigen, sondern von einer größeren Gruppe Männer ausgeübt wurde. Offensichtlich war der Urgemeinde die Verteilung von Lebensmitteln an Bedürftige wichtig.

Im Nachhinein klingt es unglaublich, dass angesichts solcher klarer Aussagen in der Apostelgeschichte den Päpsten jahrhundertelang nicht einfiel, ihren immensen Reichtum etwa in eine ständige Mensa oder in Schlafräume für Bedürftige im Vatikan zu investieren.

Immerhin gibt es eine Stelle im heutigen Vatikan, die an die Tradition der Urgemeinde, Arme zu versorgen, erinnert. Es ist vielleicht einer der schönsten Räume, die Kapelle Nikolaus' V. Auf dem dortigen Freskenzyklus von Beato Angelico wird die Geschichte zweier Diakone erzählt, die des heiligen Stephanus aus der Apostelgeschichte und die des Laurentius. Die Kapelle ist so klein, dass sie nur während Sonderführungen durch die Vatikanischen Museen zugänglich ist. Da sich bis zu 20 000 Menschen täglich durch die Vatikanischen Museen drängen, würde allein deren Atem und Schweiß in der winzigen Kapelle die Fresken beschädigen. Es mag Zufall sein, dass hier, wo es um die Darstellung tätiger Nächstenliebe geht, einer der ganz wenigen Räume im Staat des Papstes ist, in dem man eine ungewöhnliche Wärme spürt.

Parallel erzählt der Maler Beato Angelico die Geschichten der Diakone Stephanus und Laurentius. Laurentius war vermutlich ein Mann, der aus dem Ort Laurentum, südlich von Rom, stammte. Er soll in der Zeit von Papst Sixtus II. für den Kirchenschatz zuständig gewesen sein. Kaiser Valerian ließ, so die Überlieferung, Sixtus II. nach nur einem Jahr im Amt als Bischof von Rom 258 hinrichten. Von Diakon Laurentius soll er die Herausgabe des damals schon beträchtlichen Kirchenschatzes verlangt haben. Laurentius weigerte sich und verschenkte den Kirchenschatz an die Bedürftigen, an Lahme, Leprakranke, Blinde, Witwen und Waisen. Anschließend soll er die Armen zum Kaiser gebracht haben: »Siehe, das hier ist der Schatz der Kirche, diese Menschen.« Daraufhin soll Kaiser Valerian beschlossen haben, Laurentius auf einem glühenden Rost hinrichten zu lassen. Der Rost, auf dem der Märtyrer gestorben sein soll, wird in der Kirche San Lorenzo fuori le mura verehrt.

Erst kurz vor Ende des zweiten Jahrtausends nach Christi Geburt scheinen die Päpste sich an den Tischdienst des heiligen Stephanus zu erinnern. Mutter Teresa war es schließlich, die Papst Johannes Paul II. im Jahr 1988 die erste, wenn auch kleine Auffangstation für Arme einrichten ließ. Das Haus Donum Mariae. Es liegt am äußersten Rand des Vatikans. Wer mit dem Auto über die Via Aurelia nach Rom hineinkommt und direkt auf den Vatikan zufährt, passiert das Gebäude an

138

der Porta Cavalleggeri vor dem Tunnel unter dem Gianicolo. Der Eingang ist unscheinbar, ein kleines Türchen, das winzig wirkt, gemessen am Hauptportal der Gebäudegruppe, das in die Glaubenskongregation direkt daneben führt und problemlos eine kleine Elefantenherde durchlassen könnte, ohne dass die sich anrempeln würden. Die Schwestern der Mutter Teresa betreiben das Haus. Es gibt etwa siebzig Schlafplätze. Untergebracht sind behinderte Menschen sowie alte Frauen und Männer, die woanders keine Betreuung gefunden haben. Ab und zu nehmen die Schwestern alte und kranke Menschen aus der unmittelbaren Nachbarschaft auf, um die sich die Angehörigen nicht kümmern können. Auch einige Obdachlose, die in Rom hängen geblieben sind und nicht weiterwussten, leben in dem Haus. Die Schwestern geben außerdem in einer Mensa für Hilfsbedürftige der Umgebung ein Mittagessen aus; vor der Tür drängen sich immer Arme.

Ich habe oft ein paar Stunden im Innenhof des Hauses Donum Mariae zugebracht, den Kranken und Behinderten zugesehen, die in der Sonne ein bisschen Kraft schöpfen. Vielleicht ist dieser Hof, wo Menschen, die wirklich Hilfe brauchen, von den Schwestern geholfen wird, einer der ehrlichsten Orte im Vatikan. Dort wird Nächstenliebe nicht gepredigt, sondern gelebt. Betroffen macht mich die Bescheidenheit des Ortes. Der Kontrast könnte stärker nicht sein: Man geht durch die Paläste des Vatikans mit all ihrer Pracht, passiert das Törchen zum Hof und hat das Gefühl, eine andere Welt zu betreten, die Welt eines normalen Pflegeheims, irgendwo auf dem Land in Mittelitalien. Es ist ein beschauliches Heim für Alte und Behinderte. Dass das gruselige, ehemalige Heilige Offizium mit seinen Kerkern genau nebenan liegt, in dem Gebäude, wo heute die Glaubenskongregation untergebracht ist, spürt man hier nicht. Allerdings lassen sich hier auch nur selten hohe Herren der Kurie blicken. Die Kranken und Alten und die Schwestern, die sie pflegen, bleiben unter sich. Ehrlicherweise muss man aber sehen, dass das Donum Mariae, sowohl was die Essenausgabe als auch die Schlafplätze angeht, gemessen an den riesigen Sälen der Caritas in Rom, die von der Stadt bezahlt werden, eher bescheiden wirkt.

Franziskus ließ gleich ein ganzes Paket neuer Hilfsmaßnahmen für die Armen und Bedürftigen rund um den Petersplatz schnüren, dazu gehört auch, dass er weitere Bettplätze für Obdachlose schaffen ließ, die das Donum Mariae ergänzen. Der Papst ließ Duschen aufstellen und gab Obdachlosen die Möglichkeit, sich medizinisch versorgen zu lassen, aber auch gratis einen Haarschnitt und eine Rasur zu bekommen. Doch bevor der argentinische Nachfolger des heiligen Petrus antrat und sich um die Armen kümmerte, war das Haus der Ordens-

◁ Es ist noch nicht lange her, dass Päpste sich auf Sänften tragen ließen: Hier Johannes Paul I. 1978 auf der im 15. Jahrhundert eingeführten Sedia gestatoria, dem tragbaren Thron.

139

schwestern von Mutter Teresa der einzige Ort im Vatikan, der für die Armen bestimmt war. So absurd es auch klingen mag und so enttäuschend es für Jesus von Nazareth sein muss, auf den diese Kirche zurückgehen soll, steht doch fest, dass der Vatikan weit über tausend Jahre eher ein Ort für sehr reiche als ein Ort für arme Menschen war. Die Päpste schienen von der Armut des Mannes aus Nazareth nichts wissen zu wollen. Eine der Decken des Palastes der Päpste schmückt das Gold, das Kolumbus aus Amerika mitbrachte. Isabella von Kastilien und Ferdinand von Aragon hatten es Papst Alexander VI. geschenkt. Es war Völkern gestohlen worden, die an einen anderen Gott glaubten und denen die Eroberer mit Feuer und Schwert den Glauben an den friedliebenden Handwerkersohn Jesus von Nazareth aufzwangen. Die Päpste umgaben sich mit den wertvollsten Schätzen, die die Erde zu bieten hatte, und mit allem erdenklichen Luxus. Papst Leo X. soll gesagt haben: »Der Herr hat uns so ein schönes Amt (das des Papstes) gegeben. Jetzt wollen wir es auch genießen.«

Nahezu unglaublich wirkt, dass diese Haltung der Päpste, die wie Renaissancefürsten lebten, bis heute lebendig ist. Trotz der Revolution des Franziskus bleibt eine der irrsinnigsten Einrichtungen im Vatikan, die luxuriöse Edelboutique im ehemaligen Bahnhof der Päpste, bestehen. Ich muss zu meiner Schande gestehen, dass es zu den begehrtesten Privilegien auch meiner Freunde und Bekannten gehört, mit einem der grünen Bezugsscheine in diese Edelboutique zu gehen. Dort gibt es Luxusgüter aller Art, ultrateure Flachbildschirme, Schmuck und sogar maßgeschneiderte Anzüge von Premiumherstellern. Ich glaube nicht, dass mich Besucher so oft bitten, mit mir in die Boutique zu gehen, weil sie dort 21 Prozent Umsatzsteuer sparen, die im Vatikan nicht anfällt. Es geht vielmehr darum, die einzigartig absurde Atmosphäre zu spüren. Wahrscheinlich gibt es auf der Welt keinen anderen Ort von ähnlicher Dekadenz. In einem Staat Luxusgüter shoppen zu gehen, der sich auf einen Mann beruft, von dem die Worte überliefert sind, dass eher ein Kamel durch ein Nadelöhr gehen werde, als ein Reicher in das Paradies komme, ist an Absurdität kaum zu übertreffen.

Das ebenso unbegreifliche wie skandalöse Fazit lautet: Über viele Jahrhunderte sahen die Päpste keinerlei Widerspruch zwischen ihrem Anspruch, die Lehre des bettelarmen Jesus von Nazareth zu vertreten, und dem maßlosen Luxus, in dem sie lebten. Fast ausnahmslos hatten Päpste kein Problem damit, die Luxusgüter auf dieser Welt in vollen Zügen und ohne Rücksicht auf die Kosten wie ein weltlicher König zu genießen. Dies zeigt sich auch darin, dass fast alle Päpste sich seit der

Erfindung der Krone des Papstes vor etwa tausend Jahren bereitwillig krönen ließen. Bereits im achten Jahrhundert entwickelten die Päpste eine Vorform der Krone. Im Exil in Avignon (1309 bis 1423) trieben sie es dann auf die Spitze und erfanden die dreifache Krone, die Tiara, die auf die Fälschung der Konstantinischen Schenkung zurückgeht. Mit der Krone wollten die Päpste ihren Herrschaftsanspruch über alle anderen Könige und Fürsten manifestieren, sich als die »wichtigsten Menschen der Welt« und »Statthalter Gottes« preisen lassen.

Besucher des Petersdoms können sich die Entwicklung der Tiara in den Grotten unter dem Petersdom, wo viele Päpste bestattet wurden, anschauen. Mehrere Päpste ließen sich mit der dreifachen Krone auf dem Kopf abbilden. Gleich neben dem Ausgang aus den Grotten liegt das Grabmal von Papst Bonifatius VIII. (Papst zwischen 1294 und 1303), der das Heilige Jahr erfand – das erste fand im Jahr 1300 statt. Das Bildhauergenie Arnolfo da Cambio hat das Grabmal geschaffen. Die Steinfigur des Papstes trägt auf dem Grabmal die Urform der Tiara, noch keine dreifache Krone, die an die älteste päpstliche Krone erinnert und einer aus Persien stammenden Mütze gleicht. Diese Krone hat auch Ähnlichkeit mit der Kopfbedeckung der antiken Pharaonen. Im Laufe der Jahrhunderte lassen die Päpste sich immer wieder krönen. In der Regel schenkten die Heimatdiözesen dem neuen Papst seine Tiara, die immer wertvoller und kostbarer wurde. Und es ist nicht auszuschließen, dass die Tiara auch in der Liturgie eingesetzt wurde. Trug der Papst also eine Krone während der Messfeier, die in ihrem Kern daran erinnert, wie ein armer Jesus von Nazareth zusammen mit seinen Jüngern das bisschen Brot brach, das sie hatten erbetteln können?

Erst Papst Paul VI. fiel nach ein paar Jahrhunderten Praxis der Päpste, sich wie Könige feiern zu lassen, der Widerspruch auf zwischen dem Privileg, eine Krone zu tragen, und die Botschaft zu predigen, dass Christus ein Reich von dieser Welt ablehnte. Paul VI. ließ sich nach seiner Wahl im Jahr 1963 zwar mit der eigens für ihn von der Mailänder Diözese in Auftrag gegebenen Tiara noch krönen und trug die Tiara auch einige Male, legte sie jedoch im November 1963 in einer dramatischen Geste auf dem Hauptaltar des Petersdoms ab und schwor, sie nie wieder zu tragen. Für den Nacken des Papstes muss das eine ziemliche Erleichterung gewesen sein, weil die Krone immerhin 4,5 Kilogramm schwer ist, eine ganze Menge verschwendetes Gold und Silber. Doch die Hardliner im Vatikan sahen damals in der Geste eine Art Rücktritt. Für sie war Paul VI., nachdem er die Tiara abgelegt hatte, eigentlich kein Papst mehr. Was mit der Tiara geschehen sollte, war

Paul VI. nicht recht klar. Sie sollte verkauft oder eingeschmolzen werden, der Gewinn sollte den Armen zukommen. Doch zunächst geschah gar nichts; niemand wusste, wie man eine Tiara verkaufen könnte. Der ultrakonservative Kardinal Francis Spellman aus New York, der sich dazu verstieg, die Notwendigkeit des Vietnamkriegs zu verteidigen, war der Einzige, dem eine Idee kam, was mit der Tiara geschehen könnte. Er brachte eine Gruppe von Spendern zusammen, die dem Papst das Angebot machten, massive Spendenzahlungen an Arme vor allem in Afrika zu leisten. Als Geste der Dankbarkeit übergab Paul VI. im Jahr 1968 die bisher letzte Tiara Spellman, der sie in die USA brachte. Sie ist seitdem in der Riesenkirche des »Shrine of Immaculate Conception« in Washington zu sehen. Prinzipiell wurde die Krönung der Päpste aber nie abgeschafft. Ein Nachfolger von Papst Franziskus könnte entscheiden, sich wieder krönen zu lassen und eine neue Tiara zu tragen. Die Nachfolger von Papst Paul VI., Johannes Paul I., Johannes Paul II., Benedikt XVI. und Papst Franziskus, lehnten aber alle eine Krönung ab und wurden stattdessen während einer feierlichen Messe in ihr Amt eingeführt. Die Geste von Paul VI., auf die Tiara zu verzichten, hatte sicherlich mit schlechtem Gewissen zu tun, war aber der damals bemerkenswert mutige Schritt, mit einer langen Tradition zu brechen.

Die Entscheidung, die Krone abzusetzen und sie nie wieder in einem Pontifikat zu tragen, gehört sicher zum Beginn eines neuen Selbstverständnisses der Päpste. Mit der Revolution von Papst Franziskus lässt sich das aber nicht vergleichen. Papst Paul VI. rang sich zwar zu der Geste durch, die Tiara abzulegen, aber er hatte in seinem ganzen Leben mit Armen und Armut nichts zu tun. Schon seine Geburt lässt auf seinen Lebensstandard als Kind und in jugendlichem Alter schließen. Paul VI. kam im Ferienhaus der Familie Montini zur Welt in einer Zeit, in der sich in Italien nur eine winzige Oberschicht Ferienhäuser leisten konnte. Sein Vater, angesehener Chefredakteur der Tageszeitung *Il Cittadino di Brescia,* stieg innerhalb der Volkspartei bis ins Oberhaus der italienischen Politik auf und wurde Senator. Paul VI. machte eine Bilderbuchkarriere im Vatikan, die ihn allerdings vom normalen Leben fast vollkommen abschirmte. Nur sehr wenige Jahre in seinem Leben hatte Paul VI. mit gewöhnlichen Menschen zu tun, also solchen, die nicht in einem Palast lebten. Er wurde am 29. Mai 1920 zum Priester geweiht und trat gleich in die päpstliche Akademie für den diplomatischen Dienst ein, eine Eliteschule. Dort lernte er übrigens bereits den Mann kennen, der seine Tiara kaufen würde, den späteren New Yorker Kardinal Francis Spellman. Giovanni

Battista Montini arbeitete anschließend in der Nuntiatur in Polen, und von da an sollte er sein ganzes Leben in eleganten Salons verbringen. Ab dem Jahr 1937 arbeitete er bereits an der Spitze des Vatikans, im Staatssekretariat, zunächst für Papst Pius XI., dann für Papst Pius XII. Dieser Papst schiebt ihn im Jahr 1954 auch auf den begehrtesten Posten, der in Italien nach dem des Papstes zu bekommen ist, er macht ihn zum Chef der größten Diözese, derjenigen von Mailand. Damit steht er automatisch auf dem Sprungbrett für die Wahl zum Papst.

Achille Ratti (Papst Pius XI.) war 1922 vom Posten des Mailänder Erzbischofs auf den Thron des Papstes gewählt worden. Auch im Fall von Giovanni Battista Montini kam es so: Er blieb Bischof der prächtigen Stadt, bis er 1963 zum Papst gewählt wurde. Im Leben des Paul VI. ging es von einem eleganten Salon in den nächsten und vor allem immer nach oben. Paul VI. hatte einen Slum wie die Vilas in Buenos Aires nie gesehen, konnte sich das Leben dort sicher nicht einmal vorstellen. Paul VI. wurde in einer Zeit Erzbischof von Mailand, als die Stadt boomte. Heerscharen von Süditalienern zogen in die prosperierende Metropole, weil dort Arbeitskräfte gebraucht wurden.

Papst Paul VI. war der bisher letzte Nachfolger des heiligen Petrus, der die dreifache Krone, die Tiara, trug. Sie sollte den absoluten Machtanspruch der Päpste über alle Kaiser und Könige symbolisieren.

Sicherlich wird Giovanni Battista Montini in Mailand auch ab und zu mit dem Thema Armut konfrontiert worden sein, aber das hat nichts mit den Erfahrungen und der Sichtweise von Jorge Mario Bergoglio zu tun. Für Papst Franziskus ist Armut nicht ein Thema wie jedes andere, es ist DAS Thema. Er lässt von Beginn an nicht den geringsten Zweifel daran aufkommen, dass er sich in seinem Pontifikat vor allem um die Armen kümmern will. In der für ihn typischen bescheidenen Art machte er sich sofort nach seiner Wahl ganz klein. Er stellte sich nicht hin und sagte: Seht her, ich bin ein sehr guter Mensch, ich werde mich vor allem um die kümmern, die arm sind. Er sagte genau das Gegenteil: Ich bin ein Sünder. Kardinal Hummes musste mich warnen und mir sagen: Vergiss die Armen nicht!, in dem Augenblick, in dem ich gewählt wurde. Eine geniale Art, sich als neuer Papst mit seinem zentralen Anliegen darzustellen. Statt mit seiner überbordenden Nächstenliebe zu protzen, präsentiert sich der Papst als einen vergesslichen Egoisten, der von einem anderen, Kardinal Claudio Hummes, daran erinnert werden musste, dass er die Armen nicht vergessen soll. Aber dieser Jorge Mario Bergoglio hätte die Armen niemals vergessen, sein ganzes Leben lang kümmerte er sich schon darum. Und er findet eine elegante Art und Weise, der Welt zu sagen: Ich werde mich jetzt vor allem darum kümmern, die katholische Kirche wieder an die Seite der Armen zu stellen.

In diesem Punkt ist Papst Franziskus Papst Johannes Paul II. sehr ähnlich. Auch er hatte ein zentrales Thema, das er ganz kurz nach seiner Wahl zum Papst der Welt präsentierte. Er sagte: »Habt keine Angst!« Er meinte damit vor allem die Christen, die hinter dem Eisernen Vorhang in großer Bedrängnis lebten. Er wollte ihnen Mut machen und entsetzte damit die Mächtigen des obersten Sowjet. Sie hatten übrigens gute Gründe, entsetzt zu sein. Karol Wojtyla sollte gegen sie gewinnen. ■

▷ Franziskus bei Immigranten auf Lampedusa, die es auf die Insel geschafft haben. Für ihn ist das Sterben im »Massengrab Mittelmeer« eines der schrecklichsten Dramen der Welt.

Der Papst auf Lampedusa: Er setzt durch, dass ihn seine erste Reise in Italien nicht zu irgendeinem Heiligtum führt, wie ursprünglich geplant, sondern zu den Geflüchteten auf der Insel vor Sizilien.

Papst Franziskus
besteht darauf, von
einem Schiff vor
Lampedusa einen
Blumenkranz ins
Meer zu werfen –
im Gedenken an die
Menschen, die bei
dem Versuch, den
Kanal von Sizilien
zu überqueren, ihr
Leben verloren.

◁ Der Papst und
die Kinder: Wenn
Franziskus mit Kin-
dern zusammen ist,
lässt er sie fast alles
machen. Er wirkt
wie der gut gelaunte
Opa und nicht wie
der majestätische
Kirchenfürst.

Am 8. Februar 2015 besucht Papst Franziskus die Kirche San Michele Arcangelo in Pietralata am Stadtrand von Rom. Die Gemeinde empfängt ihn mit der Begeisterung derer, die nie Besuch von ganz oben bekommen. Der Pfarrer weist den Papst auf die problematische Lage hin und vor allem auf die Bewohner des Slums, der in unmittelbarer Nachbarschaft der Kirche liegt.

Am Autobahnring um Rom, dem Grande Raccordo Anulare, bildeten sich ab den 1980er-Jahren große Armenviertel; dort leben Menschen in Wellblechbuden und primitiven Holzhütten, ohne Wasser- und Abwasseranschluss, ohne medizinische Betreuung. An diesem eiskalten Morgen zögert der Papst keine Sekunde: Er macht klar, dass er in den Slum gehen will. Ein Albtraum für die Sicherheitsleute. Franziskus in eine Siedlung verzweifelter, armer Menschen gehen zu lassen ist gefährlich, weil niemand sie auf Waffen kontrolliert hat. Bei den Securitys zählt nur eins: Der Papst muss am Leben bleiben.

Lange scherte sich der Vatikan erstaunlich wenig um die Sicherheit des Papstes. Dabei hatte es immer wieder Warnsignale gegeben: Beim Besuch von Paul VI. auf den Philippinen am 27. November 1970 versuchte ein psychisch gestörter Mann, ihn zu erstechen, und er konnte nur durch den Hünen und erfahrenen Football-Spieler Bischof Paul Marcinkus gerettet werden. Paul VI. ließ danach aber keineswegs die Sicherheit verstärken. Damals konnte jeder, der wollte, mit dem Auto in den Vatikan fahren. Es gab weder Grenzkontrollen der Schweizergardisten, wie heute, noch den Sicherheitsring der vatikanischen Gendarmen. Doch dann wollte Mehmet Ali Ağça am 13. Mai 1981 Papst Johannes Paul II. erschießen – und alles änderte sich. Der Vatikan igelte sich ein. Die italienische Polizei baute ein ausgefeiltes Sicherheitssystem um den Papst auf.

Aber Papst Franziskus will sich nicht abschirmen lassen; er sucht die Menschen. Auch im Slum umarmt er an jenem Morgen Erwachsene und Kinder, die niemand darauf kontrolliert hat, ob sie etwa ein Messer in der Tasche haben. Franziskus tut das, was er schon in Buenos Aires getan hat. Den Armen beizustehen ist für den Papst keine theologische Überzeugung; er spürt in seinem Inneren, dass sein Platz bei ihnen ist, dass er dorthin gehört. In den Jahren seit seiner Wahl habe ich diesen Papst nur selten wirklich glücklich gesehen – nämlich immer dann, wenn er bei »seinen« Armen war. ■

Und immer wieder
segnet der Papst
Kinder, das Herz
geht ihm dabei auf.

Mittagessen mit den
orthodoxen Patri-
archen und Flücht-
lingen auf Lesbos:
Es gibt nur ein paar
Nudeln, abgepacktes
Brot und Wasser,
auch für den Papst.
(Mitte)

Der Papst im Var-
ginha-Slum in Rio
de Janeiro. Franzis-
kus stieg aus dem
Panzerwagen, klopf-
te bei Bewohnern
an, und fragte: »Hät-
ten Sie vielleicht ein
Glas Wasser oder
einen Schnaps für
mich?« *(unten)*

◁ Ein typisches
Foto: Der Papst
gibt immer zuerst
den Kleinsten und
Schwächsten die
Hand.

Mittagessen mit Bedürftigen im Gemeindehaus der St. Patrick's Cathedral von New York. Bei solchen Gelegenheiten scheint der Papst glücklich zu sein.

▷ Der Papst weiht »seinen Mann« zum Bischof. Der Pole Konrad Krajewski, ein alter Gefolgsmann Karol Wojtylas, wird der Almosenier, der im Auftrag des Papstes Menschen konkret hilft – mit Lebensmitteln, Geld, Schlafsäcken, neuen Duschen und einem Platz beim Friseur.

MENSCHEN WERDEN ARM GEMACHT

FRANZISKUS UND DER ALMOSENIER

Selten entscheidet die Marke eines Autos darüber, ob man einen Job bekommt. Das gilt auch für den Vatikan. Doch kaum etwas führt so einfach und gleichwohl drastisch vor Augen, was Franziskus von seiner Kirche will, wie die knappe Frage und ebenso kurze Antwort zur Automarke in einem Einstellungsgespräch des Papstes. Es dürfte eines der kürzesten Gespräche zur Vergabe eines Jobs in der Geschichte der Päpste gewesen sein.

Um zu verstehen, wie Päpste mit dem Thema Armut umgingen, muss man wissen, dass sie seit etwa achthundert Jahren einen Almosenier beschäftigen. Das Verhältnis der Päpste zu den Armen besteht lediglich darin, dass sie Almosen verteilen an Menschen, die hungern und frieren. Bereits während des Pontifikats von Papst Innozenz III. (Papst zwischen 1198 und 1216) ist die Rede von einem Almosenier. Der später heiliggesprochene Gregor X. (Papst zwischen 1271 und 1276) richtete erstmals das Amt des apostolischen Almoseniers ein. Ab dieser Zeit war es für Päpste normal, dass bei jedem öffentlichen Auftritt ein Almosenverteiler in ihrer Nähe war.

In einem gleicht die Welt der Päpste des Mittelalters und der frühen Neuzeit der Welt des Jorge Mario Bergoglio: Das Ungleichgewicht zwischen Reich und Arm ist gewaltig. Denn Jorge Mario Bergoglio hat in dem Teil der Welt als Priester gedient, in dem laut UN-Einschätzung der Unterschied zwischen Arm und Reich am größten ist. Diese Ungerechtigkeit wird das Lebensthema dieses Mannes. Wie nahe Bergoglio den Armen ist, zeigt eine seiner Anweisungen an die Priester seiner Diözese, als er noch Erzbischof von Buenos Aires war. Er empfahl ihnen, Garagen in den Armenvierteln zu mieten. Wenn die Armen nicht in die Kirchen kämen, dann sollten die Priester in den Garagen der Armenviertel Gottesdienste halten, dort mit ihnen sprechen und ihnen helfen. Damals protestierten die Priester; wenn sie die Gottesdienste in Garagen verlegten, würden die Gläubigen ja nicht mehr in die Kirche kommen. Jorge Mario Bergoglio antwortete, dass die Armen ja

sowieso nicht in die Kirchen der Reichen kommen würden; deshalb müssten sie eben zu den Armen gehen.

Für Paul VI. war seine »Beförderung« vom Posten des Erzbischofs von Mailand auf den Thron des Papstes nur der Wechsel von einem Palast in den nächsten. Aber das Leben von Jorge Mario Bergoglio war ganz anders verlaufen, sehr weit weg von den Luxussalons des Vatikans. Mit Jorge Mario Bergoglio zieht kein Herrscher in den Kirchenstaat ein, sondern ein normaler Mensch, der sich normale Fragen stellt, und dazu gehört auch die Frage, wie es seinen Nachbarn geht. Der Vatikan sog alle früheren Päpste regelrecht auf, indem der vatikanische Palast dafür sorgte, dass der Papst seinen Alltag weit weg vom echten Leben verbringen musste. So war es für den Papst bisher ganz normal, jeden Tag mit dem besonders gesicherten Fahrstuhl, der über einen Schlüssel bedient wird, und in Begleitung eines Dieners oder seines Sekretärs von seinem Appartement in den Hof von Sixtus V. hinunterzufahren. Noch nie hat ein gewöhnlicher Sterblicher den Hof Sixtus' V. oder das Appartement des Papstes betreten. Für einen Papst ist es normal gewesen, einen Großteil seiner Freizeit auf der für Päpste

Papst Benedikt XVI. im Park von Castelgandolfo. Franziskus will den luxuriösen Sommersitz mit seiner Abgeschiedenheit nicht haben. Wird je wieder ein Papst dort Urlaub machen?

reservierten gigantischen Terrasse über dem apostolischen Palast zu verbringen. Von dort konnte er nur erahnen, was tief unten auf den Straßen von Rom passierte.

Ganz anders Franziskus. Er marschiert mit seiner Aktentasche vom Haus der heiligen Martha zur Audienzhalle. Er kann auf dem Weg mit eigenen Augen jenseits des Stahltores die Obdachlosen sehen, die sich unter den Kolonnaden vor der gleißenden Sonne oder vor strömendem Regen in Sicherheit bringen. Dieser Papst weiß nicht nur in der Theorie, dass es Menschen gibt, die direkt neben seinem Palast auf dem nackten Boden schlafen müssen in all ihrem Elend. Er sieht sie mit eigenen Augen. Für Franziskus war es daher völlig normal, sich die Frage zu stellen, wie es den Ärmsten seiner Nachbarn rund um den Petersplatz gehen mag. Auch wenn es unglaublich klingt, aber Franziskus ist der erste Papst der Geschichte, der das Offensichtlichste tut, nämlich sich um seine Not leidenden Nachbarn zu kümmern. Papst Franziskus ist nicht naiv; ihm war klar, dass er nicht persönlich morgens und abends Obdachlosen etwas zu essen bringen, ihnen Mut zusprechen oder mit ihnen beten könnte. Er wusste, dass er einen Beauf-

Konrad Krajewski während der Bischofsweihe: Kaum ein anderer Mann arbeitet so eng mit dem Papst zusammen wie der Almosenier.

tragten brauchte, der an seiner Stelle diese Aufgabe übernahm. Papst Franziskus entscheidet sich wie seine Vorgänger, einen Almosenier anzuwerben. Und ebendieses Einstellungsgespräch zeigt den epochalen Wandel, den Papst Franziskus einleitete.

Was ein Almosenier zu tun hat, besagte der Name, seitdem Päpste vor achthundert Jahre das Amt geschaffen haben. Er verteilt Almosen. Almosen sind eine freiwillige Gabe, ohne eine Gegenleistung zu verlangen – und genau darin liegt der springende Punkt. Als Papst Franziskus einen geeigneten Kandidaten gefunden hatte, den Polen Konrad Krajewski, bat er ihn, eine einzige Frage zu beantworten. »Was für ein Auto fährst du?« Krajewski antwortete, er besitze ein uraltes Auto, das sich kaum auf den vier Rädern halten könne und das vor mehr als einem Jahrzehnt in Asien zusammengeschraubt worden sei. Erst als Krajewski diese Antwort gab, bekam er den Job.

Die Revolution liegt in dieser Frage: Was für ein Auto fährst du? Es geht darum, ob eine reiche Kirche an Arme Almosen verteilt oder ob eine Kirche selber arm sein muss, selber zu den Armen zählen muss, um dem Auftrag Christi gerecht zu werden. Denn der Papst wollte nicht, dass ein Priester in seinem Auftrag Armen hilft, aber zu seinem Dienst mit dem Auto eines Wohlhabenden fährt.

Die Vorgänger von Papst Franziskus hätte das überhaupt nicht gestört. Sie hätten den Widerspruch vielleicht nicht einmal erkannt. Der Almosenier trug seinen Namen, weil er Almosen verteilte. Almosen bedeuten, dass ein Reicher, ohne eine Gegenleistung zu erwarten, freiwillige Gaben verteilt. Natürlich waren die Päpste und ihre Almosenier reich und gaben den Armen Almosen. Aber Papst Franziskus sieht es als eine unverzichtbare Bedingung an, dass, wer im Namen des Papstes freiwillige Gaben verteilt, selber arm sein muss. Die revolutionäre Botschaft des Papstes, vermittelt durch das Beispiel von Konrad Krajewski, lautet: Es geht nicht darum, dass eine reiche Kirche den Armen etwas abgeben sollte. Es geht darum, dass die Menschen nicht einfach gottgegeben arm sind, sondern arm gemacht worden sind durch ein ungerechtes Wirtschaftssystem, und dass die Kirche sich schämen muss, ein Teil dieses ungerechten Systems zu sein. Ihr eigentlicher Platz als eine arme Kirche sei unter den Armen. Der epochale Unterschied besteht darin, dass die Päpste vor Franziskus der Meinung waren, eine Kirche müsse reich sein, um den Armen zu helfen. Franziskus ist der Ansicht, dass die Kirche nur glaubwürdig sein kann, wenn sie an der Seite der Armen steht.

Papst Julius II. hatte kein Problem damit, einen Krieg gegen die Stadt Bologna zu führen. Dass dieser Krieg Menschen in Armut und

Not stürzte und ihnen schließlich nichts anderes übrig bleiben würde, als die Reichen und Mächtigen, also auch den Papst, um Almosen anzubetteln, hätte Julius II. natürlich nicht sehen wollen. Aber Papst Franziskus sieht das genau so. Er beklagt in Interviews, dass das aktuelle Wirtschaftssystem »töte« und dass Menschen »arm gemacht«, aber keineswegs »arm geboren« werden. Die Erde gehört seiner Ansicht nach nicht einigen wenigen Privilegierten. Der Papst empfindet es als eine unglaubliche Ungerechtigkeit, wie der Reichtum auf der Erde verteilt ist. Die Armen dürfen also nicht nur auf die Almosen der Kirche hoffen; sie haben vielmehr ein Recht darauf, dass die Kirche und der Papst sich dafür einsetzen, ein solches System zu verändern; ein System, das sie erst arm gemacht hat und von dem die katholische Kirche auch noch profitiert, weil sie wirtschaftlich mit den Reichen dieser Welt verflochten ist.

Der Papst ist nicht naiv, das muss man immer wieder betonen. Ihm ist klar, dass die katholische Kirche mit Millionen Menschen wirtschaftliche Verträge unterhält, die größten Kunstschätze der Welt ihr Eigen nennt und für deren Erhalt enorme Summen benötigt. Er weiß, dass die Kirche nicht von einem Tag auf den anderen eine andere Kirche werden kann; doch dies alles ändert nichts daran, dass er genau das will. Der Papst weiß, es ist ein Traum, dass die Kirche eines Tages den Armen als eine arme Kirche entgegentritt. Aber in einem, wenn auch einem kleinen Symbol hat er erreicht, was er wollte: in Konrad Krajewski. Wenn sein Almosenier sich im Morgengrauen aufmacht, um den Armen beizustehen, dann tritt er als Vertreter der ganzen Kirche und des Papstes demütig den Armen gegenüber. Ein Mann, der äußerst bescheiden in einer kleinen Wohnung im Borgo Pio lebt und einen Schrottwagen fährt. Das hat der Papst im Vatikan radikal verändert: Da kommt nicht mehr ein Mann in Purpur zu den Armen, der ihnen ein paar Almosen zusteckt, sondern der Papst schickt einen Mann, von dem er nur eines erwartet: ein Armer unter Armen zu sein. Konrad Krajewski kann zwar über enorme Mittel verfügen, aber sie sollen ihn nicht zu einem mächtigen und einflussreichen Mann, sondern zu einem Diener der Ärmsten machen. ■

▷ Tröstende päpstliche Hände für verzweifelte Menschen. Franziskus sieht die Welt wie ein Feldlager, wo Menschen in der Schlacht ihres Lebens verletzt werden und die Hilfe der Kirche brauchen.

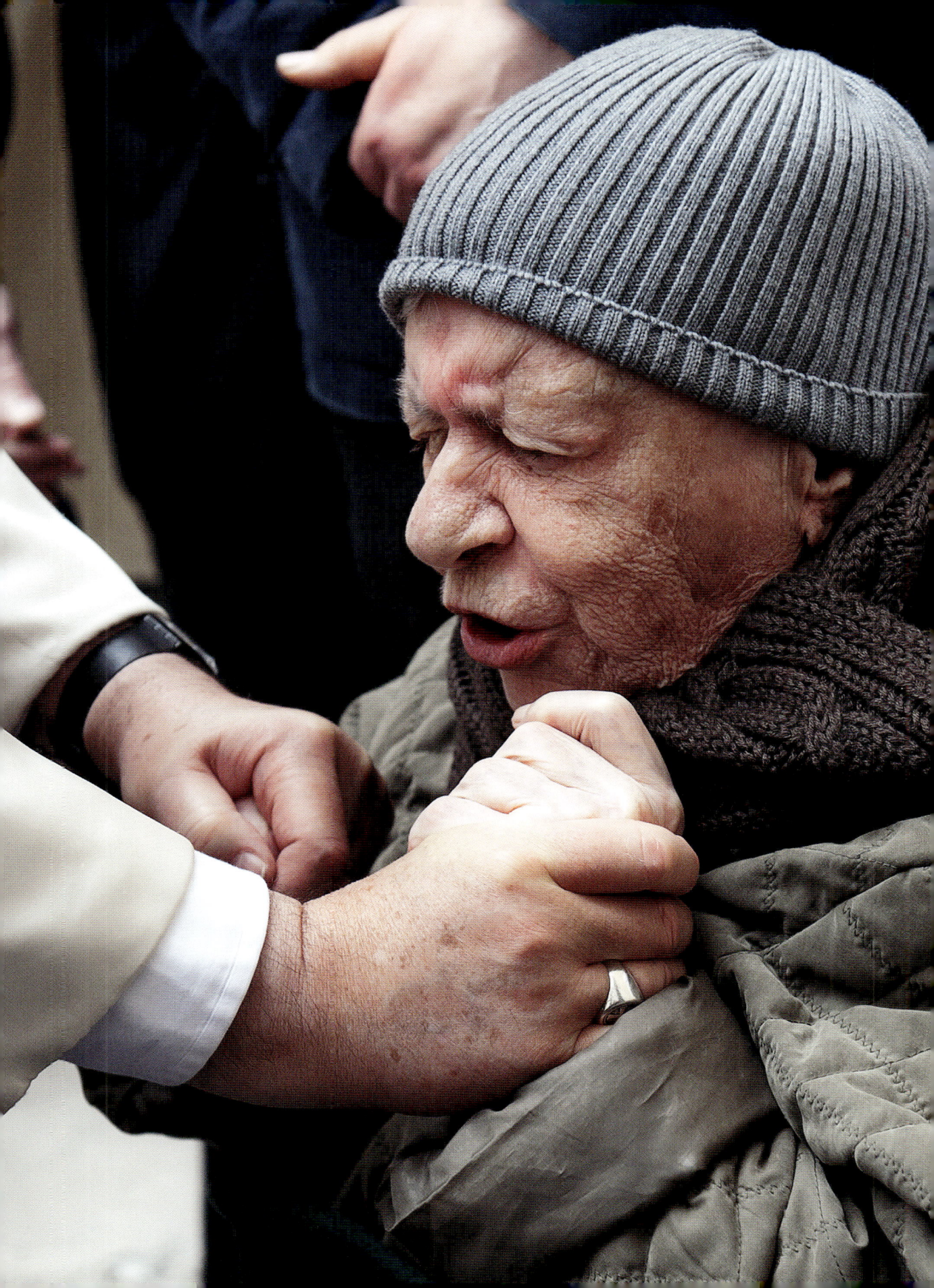

Der Papst am Tisch mit den Armen. Er fühlt sich bei Pappbechern und Plastiktellern unendlich viel wohler als bei den Staatsdiners, an denen er teilnehmen muss.

Der Papst in Afrika: Für ihn zählt, was an den Rändern der Welt passiert; dort möchte er sein, nicht in den Chefetagen. *(Mitte)*

Der Papst in einem lateinamerikanischen Pflegeheim: Dort, bei den Verlierern der Gesellschaft, scheint er an seinem Platz zu sein. *(unten)*

◁ Der Almosenier Krajewski spendet dem Papst die Kommunion – nicht umgekehrt. Franziskus nimmt sich zurück und ist auch der erste Papst, der vor den Augen der Journalisten einen Beichtstuhl im Petersdom betritt, um selbst zu beichten.

Als Papst Franziskus am 25. Juli 2013 während des Weltjugendtages den Slum Varginha in Rio de Janeiro besucht, steht auch Amara Oliveira am Straßenrand. Sie ist eine 83-jährige Frau und kann sich noch daran erinnern, wie schlimm die Verhältnisse in Varginha waren, als niemand nachts auf die Straße gehen wollte, weil die Drogenkartelle sich Schießereien untereinander und mit der Armee lieferten. In den übelsten Favelas liegen Drogenküchen; aus Kokain wird Crack hergestellt, das selbst für Arme erschwinglich ist und auch sie in tödliche Abhängigkeit zwingt.

Als Papst Johannes Paul II. 1982 Rio de Janeiro besuchte, bestand er darauf, auch ein Armenviertel zu sehen. Den Organisatoren war das äußerst unangenehm; sie wollten dem Papst und vor allem den Fernsehteams in seiner Begleitung ein sauberes, sicheres Rio zeigen, nicht die Armut in der Hölle der Favelas. Also brachten sie Johannes Paul II. in die Favela von Vidal, direkt am Sheraton Hotel, also einen Steinwurf weit entfernt von den Reichen dieser Welt, malerisch mit Blick auf den Ozean, unmittelbar an den Klippen über dem Strand. Gemessen an den übrigen rund 500 Favelas der Metropole ist Vidal eine Art Luxusausgabe eines Slums.

Doch Papst Franziskus hatte 31 Jahre später kein Interesse an einem Armenviertel zum Vorzeigen; er wollte in die Slums, die in den Abfallbergen am Stadtrand von Rio liegen. Und er kam mit einer simplen Botschaft zu den Menschen dort: »Ihr seid nicht allein. Der Papst hat euch nicht vergessen.« Dass jetzt ausgerechnet ein Papst vor ihrer illegal errichteten Behausung auftauchen würde, hätte Amara Oliveira sich beim besten Willen nicht vorstellen können. »Ich habe gedacht, dass der Papst mit einem großen Auto vorbeifahren würde, genau wie die Politiker. Als er dann einfach aus dem Wagen stieg und zu Fuß den Weg durch die Favela hinunterkam, dachte ich, das darf nicht wahr sein. Als er auf mein Haus zukam, habe ich ihm zugewunken, und er nahm mich in den Arm«, erzählt sie. Amara hatte sich Franziskus gründlich anders vorgestellt. »Er ging über die Straße, vor meinem Haus, die Kinder liefen um ihn herum, und er scherzte mit ihnen, eine Traube Kinder hing an ihm wie Kletten. Und er wirkte überhaupt nicht wie der Papst aus Rom. Er ging durch die Favela, als habe er schon immer hierher gehört, mit seinen zertretenen Schuhen. Er schien nicht fremd. Er sprach mit uns, als wäre er der neue Pfarrer, der jetzt darauf hoffte, dass wir ihn ins Herz schließen werden.« ■

Franziskus wird die Rolle der Frauen und Mütter in der Kirche stärken. Er ist überzeugt, dass normale Frauen und nicht nur Ordensfrauen ein Leben wie eine Heilige führen können.

◁ Audienz auf dem Petersplatz: Die Ausgegrenzten, die Armen und Hilflosen lässt dieser Papst immer zu sich kommen, wenn es möglich ist.

Franziskus im Zentrum
der römischen Caritas,
das Konrad Krajewski
für den Papst gerade
ausgebaut hat. Er riet
Krajewski: »Deine
Kassen müssen immer
leer sein, dann machst
du alles richtig.«

▷ Auch das gehört
zum Job: Erinne-
rungsfoto für die
Nonnen mit Papst.

▷ Franziskus als ent-
schlossener Mahner:
Für viele Menschen
ist der Papst der
einzige glaubwürdi-
ge Weltpolitiker. Er
setzt sich ein, weil er
an das Gute glaubt.

REICH GEGEN ARM

DER DRITTE WELTKRIEG HAT LÄNGST BEGONNEN

Das Wort »Krieg« bedeutet in der Politik fast immer eine Falle. Ich habe schon als Lokalreporter Bürgermeister vom »Krieg gegen die Drogen«, »Krieg gegen die Schwarzarbeit«, »Krieg gegen Steuerhinterzieher« reden hören. Selbst auf lokaler Ebene wissen die meisten Politiker, dass es unklug ist, von Krieg zu sprechen, obwohl Zeitungen das Wort gerne hören, weil der martialische Begriff ein so klares Bild zeichnet. Aber er passt fast nie. Ein Krieg hat einen Anfang und ein Ende. Aber fast alle Probleme, auf die Politiker das Wort »Krieg« anwenden, sind Prozesse, schwer greifbar, ohne einen klaren Anfang und ohne ein bestimmbares Ende – wie das Drogenproblem, das Problem der Schwarzarbeit oder das der Steuerhinterziehung.

Auf internationaler Ebene birgt es natürlich ein noch viel größeres Risiko, von einem Krieg zu reden oder von dessen Ende. Das wohl dramatischste Beispiel der vergangenen Jahrzehnte dürfte der Krieg gegen den Irak gewesen sein. Als George W. Bush am 1. Mai 2003 auf dem Flugzeugträger *Abraham Lincoln* den Sieg feierte, wollte er signalisieren, dass dieser Krieg nun mit dem Beginn des Friedens im Irak zu Ende sei. Welch ein Irrtum! Seit mehr als einem Jahrzehnt schwelt der Konflikt weiter, der Krieg ist keineswegs zu Ende. Der Umsturz des Regimes von Saddam Hussein brachte weder Frieden noch wirtschaftliche Stabilität in die Region, sondern nicht abreißenden Terror.

Wenn bereits Politiker auf der Lokalebene wissen, dass sie das Wort »Krieg« besser vermeiden sollten, dann müsste das für einen Papst im Besonderen gelten. Und so waren alle im päpstlichen Gefolge verblüfft, als Papst Franziskus am 18. August 2014 zum ersten Mal von einem Krieg sprach, und zwar nicht von irgendeinem, sondern vom Dritten Weltkrieg. »Der Dritte Weltkrieg hat bereits begonnen, man kämpft ihn nur in Stücken, in einzelnen Kapiteln«, sagte der Papst auf dem Rückflug von Korea nach Rom.

Wie dramatisch dieser Moment war, zeigte mir eine kleine Episode um einen alten Freund, der für eine große Nachrichtenagentur arbei-

Eugenio Pacelli (Mitte), der spätere Papst Pius XII., hier noch als Nuntius in Berlin.

tet. Er hatte selbstverständlich wie alle Kollegen einen Bericht darüber verfasst, dass der Papst erklärt habe, der Dritte Weltkrieg habe begonnen. Fassungslos bemerkte er im Laufe des Tages, dass die Agentur den Bericht unterschlug und nicht veröffentlichte. Der Kollege, sonst eher zurückhaltend, rief in diesem Fall verärgert die Redaktion an und beschwerte sich. »Wie könnt ihr eine so spektakuläre Ansprache des Papstes, der den Ausbruch des Dritten Weltkriegs ankündigte, einfach unter den Tisch fallen lassen? Was könnte der Papst denn sagen, das noch spektakulärer ist?«

Der Redakteur antwortete: »Bitte, denk doch mal nach, was passiert wäre, wenn wir das so gebracht hätten. Die Menschen hätten die Regale leer gekauft aus Angst vor einem Krieg. Wenn sogar ein Papst so etwas sagte, dann musste die Gefahr ja riesengroß sein. Wir konnten das, was der Papst da gesagt hatte und wie er es gesagt hatte, dass ein Weltkrieg begonnen hat, nicht veröffentlichen, ohne zu riskieren, dass das ganze Land durchdreht.«

Ich kann mich nicht erinnern, dass in den vergangenen dreißig Jahren je Nachrichtenagenturen einen Satz eines Papstes unterschlugen, weil er so dramatisch war, dass man ihn nicht veröffentlichen konnte. Bis zu diesem Augenblick schien auch Franziskus, wie die Päpste vor ihm, einen großen Bogen um das Wort »Weltkrieg« zu machen. Denn aus dem Mund eines Papstes ist dieses Wort untrennbar mit Schuld verbunden. Nichts trifft das Papsttum so tief ins Mark wie die Geschichte der beiden Weltkriege. Aus Sicht vieler Gegner der christlichen Kirchen zeigt der Verlauf der beiden Weltkriege, dass Kirchen und Religionen nutzlos sind. Gerade als die Welt die Friedensbotschaft des Jesus von Nazareth am dringendsten gebraucht hätte, schienen die getauften Christen Europas diese Botschaft zu ignorieren. In gewisser Weise muss man den Zweiten Weltkrieg auch als ein Versagen der Christen sehen, wie die Deutsche Bischofskonferenz in ihrer Erklärung von Fulda aus dem Jahr 1946 bedauert. Die Fakten liegen auf der Hand. Die von einer christlichen Tradition geprägten Soldaten in Hitlers Armee begingen die bis dahin unvorstellbarsten Verbrechen. Die ebenfalls christlich geprägten Engländer (über Dresden) und US-Amerikaner (über Hiroshima und Nagasaki) scheuten ebenfalls nicht davor zurück, Gemetzel unvorstellbaren Ausmaßes anzurichten. Deutsche Katholiken ermordeten massenhaft polnische Katholiken; es waren Christen, die jüdische Mitbewohner an die Gestapo verrieten. Wozu hatte die christliche Zivilisation Europa mit Kathedralen und Kapellen gefüllt als Zeichen eines Glaubens, auf den dann Millionen Katholiken und Christen anderer Konfessionen pfiffen, als im Rausch eines nationalen Taumels von deutscher Seite das große Morden begann?

Wahrscheinlich gibt es keinen anderen Papst, dessen Ansehen durch sein Verhalten in einem Krieg so sehr gelitten hat wie das von Papst Pius XII. Im Grunde hätte dieser Papst für Jorge Mario Bergoglio eine Warnung sein müssen, niemals das Wort »Weltkrieg« in den Mund zu nehmen. Wählte ein Papst in Bezug auf den Begriff »Krieg« die falsche Linie oder wirkte seine Linie auch nur falsch, konnte das für die katholische Kirche verheerende Folgen haben. Das zeigt das Beispiel von Papst Pius XII., den der Vorwurf, er habe zum Holocaust geschwiegen, seinen Ruf kostete. Dem Vatikan trug dies jahrzehntelang Kritik ein. Dabei ist dieser Vorwurf, den Rolf Hochhuth 1963 in dem Theaterstück *Der Stellvertreter* als Erster gegen den Papst erhob, im Grunde ungerecht. Eugenio Pacelli, der spätere Papst Pius XII., hatte schon vor Beginn des Zweiten Weltkriegs richtig erkannt, wie bedrohlich sich die Situation in Deutschland entwickelte. Er half seinem Vorgänger Pius XI. bei der Erstellung der einzigen auf Deutsch verfassten Enzyklika. Sie sollte den Titel tragen: »Mit großer Sorge«. Eugenio Pacelli, der spätere Papst Pius XII., der als Nuntius in Deutschland gewesen war, Adolf Hitler kannte und sehr gut Deutsch sprach, strich den geplanten Titel und ersetzte ein Wort. Die Enzyklika bekam den Titel: »Mit brennender Sorge«. Sie wurde in einer Nacht-und-Nebel-Aktion in Deutschland gedruckt. Druckereien, die erwischt wurden, enteigneten die Nazis entschädigungslos. In der Enzyklika stellt sich Papst Pius XI., zweifellos unterstützt durch Staatssekretär Pacelli, eindeutig gegen die Rassenlehre der Nazis. Den Vorwurf, Pius XII. sei ein Antisemit gewesen, habe ich immer für Unfug gehalten. Es gab nach der Veröffentlichung einer so spektakulären Enzyklika keinen Zweifel mehr daran, dass der Vatikan politisch Stellung bezogen hatte gegen die Herrscher in Deutschland. Der Zweite Weltkrieg hatte den Päpsten aber gezeigt, dass der gute Wille eines Papstes allein bei Weitem nicht reichte. Pius hatte sich zwar gegen die Rassenlehre der Nazis ausgesprochen, dennoch beschädigt der Vorwurf, er habe zum Holocaust geschwiegen, den Ruf des Papstes bis heute. Zugegebenermaßen hatte Pius XII. auch viel Pech. Der Versuch von General Ludwig Beck, zusammen mit dem Chef der Abwehr Wilhelm Canaris durch Vermittlung von Papst Pius XII. ein Abkommen mit England zu erreichen und Hitler festzunehmen, scheiterte. Die Päpste und ihre katholische Kirche konnten die totale Katastrophe nicht aufhalten.

Die Geschichte des Widerspruchs, dass so viele fromme Katholiken zu brutalen Mördern werden konnten, zieht sich selbst durch meine Herkunft. Die Familie meines Vaters Walter Englisch verdiente ihr karges Einkommen als Bergarbeiter in Schlesien. Mit ihren sechs Kindern waren meine Großeltern zweifellos durch und durch katholisch, worauf sie sehr stolz waren. Mein Vater erzählte mir oft, wie meine Familie nach dem Rauswurf aus Schlesien überhaupt im Wallfahrtsort Werl gelandet war, wo ich aufwuchs. Ursprünglich hätten sie in Norddeutschland eine Bleibe finden sollen, in einem Auffanglager. Aber meine Großmutter, Hedwig Englisch, rebellierte. Sie fand in dem Auffanglager einen ebenfalls aus Schlesien geflohenen katholischen Priester und redete auf ihn ein; sie wollte unbedingt aus der protestantischen in eine katholische Gegend verlegt werden. Besonders schlau war die Entscheidung nicht, sich um jeden Preis in eine katholische Stadt bringen zu lassen. Denn statt die erträgliche Lage in einem norddeutschen Auffanglager zu akzeptieren, hauste mein Vater mit seinen Eltern und fünf Geschwistern im Wallfahrtsort Werl zehn Jahre lang im einzigen Raum einer Baracke. Meine Oma murrte aber angeblich nie; sie ging jeden Tag zur Kirche, manchmal auch zweimal, und sorgte dafür, dass ich ein frommer Junge wurde. Sie war eine sehr fromme Frau, verehrte glühend die Päpste und nahm ihren Glauben ungemein ernst.

In meiner Familie war in den Sechziger- und frühen Siebzigerjahren noch üblich, dass wir gemeinsam in der riesigen Familienbibel lasen. Meine Oma brachte mir Gebete bei, lehrte mich, Schwächeren zu helfen und meinen Nächsten zu lieben wie mich selbst; außerdem erzählte sie mir von ihrem Lebenstraum, einmal nach Rom zu kommen, was sie aber nie schaffen sollte. Als sie starb, trugen wir eine Frau zu

Grabe, die ich für eine vorbildliche Christin gehalten hatte. Wenn ich meinen Vater immer mal wieder fragte, ob sein Vater etwas mit der NSDAP, mit den Nazis zu tun gehabt hatte, wies er das stets zurück: »Quatsch, Vater und Mutter waren doch total katholisch, die wollten mit den Nazis nichts zu tun haben.«

Kurz vor seinem Tod litt mein Vater an fortschreitender Verwirrung, und diese Demenz löste etwas Seltsames aus: Er begann mir Geschichten zu erzählen, die er mir offenbar bewusst sein Leben lang verschwiegen hatte. Als wäre der Filter in seinem Kopf, der diese Geschichten herausfischte, damit ich sie nicht erfuhr, kaputt. Eines Abends, als wir, Jahre nach dem Tod meiner Mutter, allein in der Küche saßen, erzählte er mir plötzlich, dass er von dem Abend geträumt habe, als er seinem Vater helfen musste. »Der Vater rief mich, und wir mussten in der Küche auf einmal alles ganz schnell verbrennen, die Parteiabzeichen, die SS-Uniform, die Parteiuniform, alles.«

Ich war sprachlos, wusste aber nicht, ob er das in einem Film gesehen hatte oder ob es seine Erinnerung an ein reales Ereignis war. Am nächsten Tag ging es ihm wie immer tagsüber gut; er war vollkommen klar, und ich sagte ihm: »Du hast mir gestern erzählt, wie du deinem Vater helfen musstest, die Parteibücher und die SS-Uniformen zu verbrennen.«

Er wurde blass, setzte sich und sah mich entgeistert an.

»Das habe ich dir erzählt?«

»Ja«, sagte ich. »Ist es wahr?«

Er sah mich resigniert an: »Ja, es ist wahr. In der Familie waren alle in der Partei. Der Freund von Vater war in der SS und versteckte sich bei uns, als die Front näher kam. Mutter hatte das gewollt.«

»Meine fromme Oma?«, fragte ich ungläubig.

»Ja. Mutter hat gewollt, dass Vater da mitmacht; sie wollte nicht, dass die Neger und Amerikaner und Kanadier die Kultur der Kirche kaputt machten. Das sollte Hitler verhindern.«

Ich muss zur Verteidigung meiner Großmutter hinzufügen, dass sie sicher nur eine sehr unvollständige Vorstellung davon hatte, wo die USA und Kanada überhaupt lagen. Und ihre Vermutung, dort gebe es keine Kultur, zeigt vor allem ihre geringe Bildung. Mich hat aber entsetzt, dass meine fromme Oma offenbar keinen Widerspruch zwischen Hitlers Mordmaschinerie und der katholischen Kirche sah. Im Gegenteil, sie glaubte, dass die Verbrechen Hitlers und der Deutschen die Kirche schützen könnten. Ich will Papst Pius XII. und seinem Vorgänger nicht vorwerfen, dass in der Katholikin Hedwig Englisch diese Haltung reifen konnte. Aber offensichtlich gab es in Nazideutschland eine ganze Reihe von Menschen, die die Unvereinbarkeit der Lehre des Jesus von Nazareth und Adolf Hitlers nicht sahen. Die Konzentrationlager der Nazis haben nicht gottlose Heiden, sondern getaufte Christen gebaut und betrieben. Festhalten muss man wohl, dass in einer Krisensituation die Päpste während eines Gemetzels, an dem Millionen Katholiken beteiligt waren, nicht einmal die schlimmsten Exzesse verhindern konnten. Es wird für immer eine Schmach bleiben, dass selbst nach dem Ende des Krieges die sogenannten Rattenlinien oder Klosterrouten über den Vatikan liefen. Der österreichische Bischof Alois Hudal verhalf Naziverbrechern nach dem Krieg zur Flucht über Genua nach Südamerika.

An der »Weltkrieg«-Rede des Papstes von 2014 überraschte mich das Risiko, das der Papst einging. Der Vatikan konnte auf keinen Fall noch einmal internationalen, diplomatischen Ärger wollen. Die Amtszeit von Papst Benedikt XVI. hatte dem Vatikan so viele außenpolitische Probleme beschert, dass der erste lateinamerikanische Papst Jorge Mario Bergoglio jetzt liefern musste. Konkret erwartete der Vatikan vom Nachfolger Benedikts, den guten Ruf der vatikanischen Diplomatie wiederherzustellen, also politische Erfolge. Aber ein Papst, der von einem Dritten Weltkrieg sprach, schien die perfekte Steilvorlage zu liefern, um dem Vatikan Panikmache vorwerfen zu können. Was der Papst sagen wollte, spiegelte seine Erfahrungen in Lateinamerika, und genau deswegen sahen im Vatikan viele seine Äußerungen kritisch.

Jorge Mario Bergoglio glaubt, dass der Dritte Weltkrieg der Reichen gegen die Armen geführt wird, mit aller Härte und Tausenden von Opfern. Für den Papst gibt es einen deutlichen Beweis für diesen Krieg: das Mittelmeer und die Weigerung, den Menschen zu helfen, sicher und unbeschadet aus Asien und Afrika nach Europa einzureisen. Dass die Länder Europas es hinnehmen, dass das Mittelmer zum »Massengrab« wird, wie der Papst vor dem Europäischen Parlament am 25. November 2014 in Straßburg anmahnte, war für ihn ein Zeichen dieses Krieges. Im Vatikan schreckten viele vor der Radikalität des Papstes zurück. Arme hat es immer gegeben, und Reiche, die ihren Reichtum nicht teilen wollten, ebenfalls. Aber von einem Dritten Weltkrieg zu sprechen, der in kleinen Abschnitten geführt werde, schien vielen Diplomaten im Vatikan maßlos übertrieben. Sie fürchteten, dass sich die diplomatische Talfahrt des Kirchenstaates fortsetzen würde.

Das Pontifikat Joseph Ratzingers war aus diplomatischer Sicht ein Debakel gewesen, daher erwartete das Staatssekretariat, dass Bergoglio die Schmach wieder wettmachte. Dabei hatte Joseph Ratzinger nur den Fehler begangen zu glauben, dass Päpste unpolitisch sein könnten.

Päpste beteuern immer wieder mal nachdrücklich, dass sie geistliche Oberhäupter und keine Politiker seien, aber das stimmte nie. Es ist für einen Papst schon seit sehr langer Zeit, mindestens seit der Errichtung des Kirchenstaats vor zwölfhundert Jahren, und bis heute nicht möglich, unpolitisch zu sein. Alle diesbezüglichen Beteuerungen, auch von Papst Johannes Paul II. und Papst Benedikt XVI., sie mischten sich in die Politik nicht ein, waren Unsinn. Papst Johannes Paul II. schrieb seine Reden in der Zeit des Kalten Krieges und des Aufstands der Gewerkschaft Solidarność in Polen stets um. Er sorgte dafür, dass das Wort »Solidarność« so oft wie möglich vorkam. Das reizte Moskau schließlich so sehr, dass aller Wahrscheinlichkeit nach von dort aus der Mordanschlag des Jahres 1981 in Auftrag gegeben wurde. Der im Grunde unpolitische Papst Benedikt XVI., der sich nur für Fragen des Glaubens interessierte, musste mit brachialer Deutlichkeit erfahren, dass es einen unpolitischen Papst nicht gibt. Joseph Ratzinger hatte über die Fragen von Recht und Unrecht, Vernunft und Glaube in der Regensburger Hochschule dozieren wollen und dabei das Zitat eines mittelalterlichen Herrschers benutzt. Auf den ersten Blick hätte kein Mensch für möglich gehalten, dass dieses Zitat eines Mannes, der seit achthundert Jahren tot war, die Sprengkraft haben könnte, einen Papst

Den prächtigen Empfang, den Papst Benedikt XVI. George W. Bush im Park des Vatikans bereitet, können weltweit viele Katholiken nicht verstehen. Hatte der US-Präsident doch im Irakkrieg Hunderttausende Zivilisten und Zehntausende Soldaten in einer völkerrechtswidrigen Invasion in den Tod getrieben.

heute in ernsthafte politische Schwierigkeiten zu bringen. Wie gesagt, nur auf den ersten Blick. Als wir damals im Pressesaal in Regensburg diesen Text bekamen, den der Papst am Abend vorlesen wollte, war jedem von uns klar, dass es zu einer Katastrophe kommen würde. Die Herabsetzung eines Religionsstifters, vor allem die Herabsetzung Mohammeds, die nach Veröffenlichungen in Dänemark zu weltweiten Terrorattentaten geführt hatte, musste aus dem Mund eines Papstes zu ernsthaften Konflikten führen. Papst Benedikt XVI. musste danach mit aller Macht öffentlich zurückrudern. In Somalia richteten Terroristen katholische Ordensfrauen hin, als Vergeltung für das Papstzitat. Auch die unpolitisch gemeinte Rede des Papstes im brasilianischen Apareceida, die die Geschichte der Christianisierung Lateinamerikas nachzeichnen sollte, löste heftige Proteste der lateinamerikanischen Staatschefs, vor allem des Präsidenten Venezuelas, Hugo Chavez, aus. Er verlangte eine Entschuldigung des Papstes, »denn es gab hier einen Völkermord«. Papst Benedikt hatte hingegen die Christianisierung Lateinamerikas so dargestellt, als hätten die Ureinwohner voller Freude die christliche Religion angenommen. Der Vatikan reagierte genervt. Zwei heftige Verfehlungen eines Papstes in nur zwei Jahren. Dann versteigt sich Papst Benedikt XVI. dazu, im Juni 2008 George W. Bush mit allem Pomp in den vatikanischen Gärten zu hofieren. Nie zuvor war einem Staatschef so viel Ehre im Vatikan zuteil geworden. Zu diesem Zeitpunkt galt selbst in den USA Bush als einer der schlechtesten US-Präsidenten aller Zeiten, der im Irakkrieg über 100 000 Menschen in den Tod getrieben hatte. Der Empfang galt vor allem deshalb als großer Fehler, weil zu diesem Zeitpunkt schon klar war, dass der als Kriegstreiber geltende George Bush vermutlich von dem Hoffnungsträger Barack Obama abgelöst werden würde. Für das Ansehen der katholischen Kirche weltweit wäre es zweifellos besser gewesen, die Wahl des späteren Friedensnobelpreisträgers Barack Obama abzuwarten, statt mit aller höfischen Prachtentfaltung den Kriegsherrn George W. Bush zu ehren, wie es Benedikt XVI. leider tat.

Was den Vatikan an den drei schweren Fehlern in Folge so verärgerte, war die Tatsache, dass der Ruf der vatikanischen Diplomatie zum ersten Mal seit Jahrhunderten angeschlagen war. Über die Fehler der Ära von Benedikt XVI. lachten Diplomaten fast aller Staaten.

Papst Franziskus hatte nicht nur deshalb eine schwere Aufgabe vor sich. Es kam auch in Europa immer wieder zu brutalen Anschlägen, die von Muslimen verübt wurden. Viele erfolgten im Namen des sogenannten Islamischen Staates. Im Grunde war das eine Steilvorlage für den Papst. Weltweit standen Unterstützer des IS am Pranger, die in ihren Geständnissen wiederholten, dass sie in Europa Terroranschläge gegen Unschuldige im Namen des Kalifats begangen hatten oder begehen wollten. Der Papst hätte schlicht die Opferrolle einnehmen können, wie das im Vatikan auch viele erwarteten. Er hätte sich hinstellen können und sagen: Seht euch diese aggressiven Extremisten des Islamischen Staates an. Sie metzeln Unschuldige hin, sogar katholische Priester in ihren Kirchen, wie Jacques Hamel in seiner Kirche in Saint-Etienne-du-Rouvray. Dem Sechsundachtzigjährigen schnitten die beiden später erschossenen Terroristen im Juli 2016 die Kehle durch.

Stattdessen versuchte der Papst alles, um die Attentäter nicht als religiös motivierte Angreifer dastehen zu lassen und die Angriffe von Kämpfern des IS nicht als solche zu bezeichnen. Der Papst leugnete das Offensichtliche. Es gab innerhalb der Polizei in Europa keinen Zweifel daran, dass mehrere Anschläge des Jahres 2016 durch religiös motivierte Kämpfer begangen worden waren, die sich dem Islamischen Staat nahe fühlten. Doch der Papst stritt das immer wieder ab. Er sah keinen religiös begründeten Krieg, keinen islamistischen Terrorismus gegen unschuldige Christen, sondern einen weltweiten Krieg der Reichen gegen die Armen. Papst Franziskus ging dabei sehr, sehr weit.

Im Januar 2015 sorgte der Papst in der katholischen Welt für einen entsetzten Aufschrei. Er hatte zunächst während einer Pressekonferenz klargestellt, dass niemand im Namen Gottes töten könne, hatte aber dann gewisses Verständnis für die Terroristen gezeigt, die in Frankreich das Massaker in der Redaktion der Satire-Zeitschrift *Charlie Hebdo* verübt hatten. »Wenn Doktor Gasbarri (der ehemalige Reisechef des Papstes) meine Mutter beleidigt, dann bekommt er einen Faustschlag von mir«, sagte der Papst auf die Frage, ob die Satire-Zeitschrift den Islam habe beleidigen können. Im Juli 2016 bestätigte der Papst noch einmal seine Linie, auf dem Weg zum Weltjugendtag in Polen. Obwohl eindeutig durch den IS motivierte Terroristen den Priester Jacques Hamel entsetzlich abschlachteten und auch noch filmten, wie sie ihm die Kehle durchschnitten, sah der Papst darin keinen Anschlag, der mit religiösen Motiven zu tun habe. Es gebe keinen Krieg der Religionen, alle Religionen würden den Frieden lieben. Den Krieg würden die andern wollen. »Es gibt einen weltweiten Konflikt, es geht um Interessen, um Geld, um die natürlichen Ressourcen, aber keinen Religionskrieg«, sagte der Papst Ende Juli 2016 auf dem Weg nach Polen.

Vielleicht wird der Papst mit dieser Haltung in die Geschichte eingehen. Er ist der erste Papst, der aus Respekt vor dem Glauben an einen Gott selbst die in Schutz nimmt, die im Namen einer islamistischen Gruppe religiös motivierte Morde an Christen begehen. ∎

▷ Papst Franziskus zeigt sich an der Seite eines Friedensnobelpreisträgers: mit Barack Obama und seiner Ehefrau Michelle.

Papst Franziskus spricht vor den Vereinten Nationen am 25. September 2015. Oder er betet sichtlich bewegt an der großen Mauer, die die palästinensischen Gebiete von Israel bei Bethlehem trennt (am 25. Mai 2014). Bilder wie diese stellen die immer gleiche Frage: Können Päpste die Welt zum Besseren verändern?

Sie können. Manchmal klappt es, und manchmal klappt es nicht. Wären Papst Pius XII. die Verhandlungen mit Edward Wood, dem Earl von Halifax und britischem Außenminister, gelungen, die er im Auftrag des deutschen Generaloberst Ludwig Beck führte, dann wäre Adolf Hitler nach dem Überfall auf Polen verhaftet worden und Pius XII. als Held in die Geschichte eingegangen. Aber die Verhandlungen schlugen fehl. Eine andere schwierige Verhandlung, die ebenfalls fehlschlug, sorgte dagegen für den Triumph eines Papstes. Der polnische Staats-chef Edward Gierek verhandelte mit Staats- und Parteichef Leonid Breschnew über einen Besuch Johannes Pauls II. in seiner Heimat. Breschnew wollte den Besuch um jeden Preis verhindern. Die Verhand-lungen scheiterten. Gierek ließ den Papst kommen. Vermutlich trug diese Entscheidung zum Zusammenbruch des Sowjetimperiums bei.

Papst Franziskus ist überzeugt, dass ein Papst etwas verändern kann. Viele belächeln ihn, das Oberhaupt eines Staates, der ein paar Fußballfelder groß ist, als naiv. Was bringt es, dass ein Bischof von Rom die Weltwirtschaftsordnung als ungerecht anprangert? Ist ein Papst nicht irregeleitet, der es wagt, deren Grundannahme, das Streben nach Wachstum, für verfehlt zu halten? Er verlangt von den Industrienatio-nen, auf Wachstum zu verzichten. Ist das nicht verrückt? Ja, Franziskus macht das ungerechte Weltwirtschaftssystem sogar verantwortlich für Krieg und Terror.

Die Kernerfahrung seines Lebens ist, dass Gott die Menschen immer wieder sucht, nie aufgibt – und Papst Franziskus gibt auch nicht auf. Weniges ist so beeindruckend wie die Wirkung dieses Papstes auf die Mächtigen und die Reichen. Viele unterstützen ihn auch mit großen Geldsummen, obwohl er das System, das sie reich gemacht hat, geißelt. Warum? Die Antwort ist einfach. Franziskus hat nach Meinung vieler Einflussreicher schlicht recht. Denn was er tut, tut er nicht, weil er wiedergewählt werden, seine Macht vergrößern oder sich ein Denkmal setzen will. Er ist aus Sicht vieler Mächtiger der einzige Staatsmann, der das, was er tut, nur deswegen tut, weil er glaubt, dass es das Richtige ist und allen, wirklich allen Menschen und Gottes Schöpfung dient. ∎

Mit Martin Schulz, dem Präsidenten des Europäischen Parlaments. Er wird dem Papst auch den begehrten Karlspreis im Jahr 2016 überreichen.

▷ Papst Franziskus und Bundeskanzlerin Angela Merkel. Der Papst gibt ihr mit auf den Weg, dass sie die Bedürftigen und Schwachen in ihrem Volke schützen möge. »Wir versuchen unser Bestes zu geben«, antwortet Angela Merkel.

Die Begegnung mit Wladimir Putin ermöglicht das historische erste Treffen des Papstes mit dem russisch-orthodoxen Patriarchen Kirill.

Zwei ungewöhnliche Kirchenoberhäupter: Die Queen ist die Gouverneurin der Kirche von England. Mit Franziskus pflegt die Königin ein herzliches Einverständnis. *(Mitte)*

Für seine Friedensinitiative im Nahen Osten zieht der Papst alle Register. Er holt den palästinensischen Präsidenten Mahmud Abbas, den israelischen Präsidenten Shimon Peres und den orthodoxen Patriarchen Bartholomäus im Juni 2014 in den Vatikan. *(unten)*

◁ Im Vergleich zum Treffen Benedikts XVI. mit George W. Bush fällt das zwischen Franziskus und US-Präsident Barack Obama weit sparsamer aus. Aber es ist unübersehbar: Die beiden mögen sich.

Papst Franziskus
unterzeichnet in
Jerusalem mit den
Rabbinern ein Do-
kument zur Erinne-
rung an den Besuch.

Franziskus und der
Patriarch am soge-
nannten Salbungs-
stein in der Grabes-
kirche. Hier soll
Christus nach sei-
nem Tod vom Kreuz
abgenommen und
gesalbt worden sein.
(unten)

▷ Der Papst an
der Klagemauer,
der Westwand
des Tempels.
Papst Johannes
Paul II. bat hier
im Jahr 2000 um
Vergebung für die
Verbrechen, die
Christen Juden
angetan haben.

Franziskus betet in der Geburtskirche zu Bethlehem. Der Muezzin der Moschee am Krippenplatz stört während des Segens mit einem »Allahu akbar«.

Der Papst besucht ein Camp junger Palästinenser; im Hintergrund die Mauer, die Israel von Palästina trennt. *(Mitte)*

Franziskus in der Geburtsgrotte von Bethlehem. *(unten)*

◁ Franziskus am Ground Zero: Er gedenkt der Opfer des 11. Septembers 2001 in New York.

▷ Nach der »Regens-
burger Rede« von
Papst Benedikt XVI.
brach der Imam
der bedeutenden Al-
Azhar-Hochschule in
Kairo die Beziehungen
zum Vatikan ab. Am
23. Mai 2016 kommt
der Imam nach Rom,
um mit Franziskus
die Aussöhnung zu
besiegeln.

INTER-RELIGIÖSE FREUNDSCHAFT

UMBAU DER KIRCHE, 1. AKT

Die katholische Kirche war an einem Dialog mit dem Islam über ein Jahrtausend lang überhaupt nicht interessiert. Das erstaunt umso mehr, da es kaum eine längere und zum Teil blutigere Geschichte der Auseinandersetzungen gibt als zwischen Christen und Muslimen. Einige Schlachten zwischen christlichen und muslimischen Heeren haben die Karten der Erde geprägt. Die Eroberung Konstantinopels im Jahr 1453 verschob die Grenze der islamischen Einflusssphäre bis vor die Tore Europas, an den Bosporus. Die Seeschlacht von Lepanto im Jahr 1571 zwischen Muslimen und der Allianz des Papstes bleibt bis heute die Seeschlacht mit den meisten Toten am selben Tag in der Geschichte. Die Schlacht vor Wien wiederum legte fest, dass Europa christlich blieb.

Die Beziehungen zwischen dem Vatikan und dem Islam zeichneten sich über Jahrhunderte durch abgrundtiefe Feindschaft aus. Papst Nikolaus V. gestattete im Jahr 1452 mit der Bulle *Dum Diversas* dem portugiesischen König Alfons V. offiziell den Sklavenhandel, vor allem weil viele der versklavten Menschen Muslime waren. In den kommenden Jahrhunderten förderten Päpste immer wieder den Sklavenhandel der Portugiesen und Spanier, was zu erbarmungslosen Menschenjagden vor allem in Afrika führte. Dabei betrieben Christen in unendlich größerem Ausmaß Sklaverei als Muslime. Der US-Historiker Robert C. Davis schätzt, dass Muslime in den Jahren 1530 bis 1780 etwa 1,25 Millionen Christen vor allem durch Beutezüge der Piraten versklavten. In einem vergleichbaren Zeitraum, ab dem Jahr 1500 bis zum Jahr 1870, versklavten christliche Händler etwa elf Millionen Menschen, unter ihnen zahlreiche Muslime. Allerdings gehört die Sklaverei zweifellos über viele Jahrhunderte zur Kultur des Islam. Mohammed hatte selber Sklaven genommen, sie verkauft und eingetauscht und Sklavinnen für sich selbst bis zu seinem Tod bei sich behalten.

Man muss in der Geschichte lange warten, bis sich der erste Papst findet, der versucht, ein menschliches Verhältnis zum Islam aufzubau-

en. Papst Paul VI. unternahm über achthundertfünfzig Jahre nach den Kreuzzügen erste vorsichtige Versuche eines Dialogs mit den Muslimen. Als der Papst in Bangladesch in von einem Erdbeben verwüsteten Ort reiste, in dem auch viele Muslime lebten, galt das als Sensation. Schon damals zeichnete sich ab, dass ein intensiver Dialog zwischen den Weltreligionen Christentum und Islam von enormer Bedeutung sein würde. Dennoch geschieht nicht viel, trotz der Brisanz, zu der sich der Konflikt entwickeln sollte. Nach Zählung der *New York Times* verübte, koordinierte oder initiierte der »Islamische Staat« seit September 2014 Terroranschläge, bei denen mindestens 1200 Menschen ums Leben kamen.

Die Grundlagen für eine Neubestimmung der Beziehungen zwischen den beiden Religionen hatte bereits Papst Johannes Paul II. gelegt. Im Frühjahr des Jahres 2000 hatte er als erster Papst der Geschichte die Al-Azhar-Universität betreten, das geistige Zentrum des sunnitischen Islam. Die Hochschule ist eine der ehrwürdigsten Lehrinstitute der Welt, gegründet im Jahr 975, etwa dreihundert Jahre nach dem Tod Mohammeds. Die Veröffentlichungen der Hochschule sieht ein Großteil der sunnitischen Welt als bindend an. Karol Wojtyla hatte ein feines politisches Gespür und glaubte daran, dass ein Dialog mit den geistlichen Führern des Islam weit sinnvoller sei als eine Abschottung. Der Papst hoffte darauf, zumindest ein begrenztes Abkommen mit dem Großscheich der Universität zu erreichen. Ich war bei dem Gespräch

Papst Johannes Paul II. hatte bei seinem historischen Treffen in der Al-Azhar-Hochschule am 24. Februar 2000 den Grundstein für ein Abkommen mit dem Islam gelegt: Er einigte sich mit Imam Tantawi auf die Grundsatzerklärung, dass im Namen Gottes niemals Gewalt ausgeübt werden darf.

zwischen dem damaligen Großscheich der Universität und dem Papst dabei. Es dauerte nur etwa eine halbe Stunde, aber mit einem erstaunlichen Ergebnis. Tantawi und Papst Johannes Paul II. einigten sich nur auf einen einzigen Punkt, der aber für beide entscheidend war: Im Namen Gottes darf niemals Gewalt ausgeübt werden. Nach dem Treffen veröffentlichten der Scheich und der Papst so etwas wie eine gemeinsame Erklärung. Dieses historische Abkommen von Kairo führte innerhalb der muslimischen Welt zu einem folgenschweren Konflikt. Denn eine der wichtigsten bewaffneten Gruppen sah sich durch das Abkommen bedroht. Die Forderung, dass im Namen Gottes keine Gewalt ausgeübt werden soll, drohte diese Gruppen innerhalb des Islam zu isolieren: die Hisbollah. Ohne es zu wissen, hatte Papst Johannes Paul II. mit seiner Forderung nach einem Gewaltverzicht einen Keil in die islamische Welt getrieben. Die vor allem im Libanon operierende Hisbollah protestierte heftig gegen das Abkommen. In ihren Augen hatte sich der Großscheich der Al-Azhar-Universität wie ein Verräter verhalten. Denn die Hisbollah sah den bewaffneten Kampf als Kern ihrer Organisation an.

Die Hisbollah versteht sich sowohl als politische Partei als auch als

Der 12. September 2006 in Regensburg: Papst Benedikt XVI. bringt mit einem Zitat über Mohammed einen Großteil der muslimischen Welt gegen sich auf.

Armee. Die legale libanesische Armee weigerte sich, die Hisbollah zu entwaffnen, weil deren Milizen sich als Verteidiger gegen einen weiteren Angriff des Staates Israel verstanden. Israel hingegen sah sich gezwungen, gegen die ständigen Angriffe der Hisbollah aus dem Süden des Libanon das eigene Territorium zu verteidigen, wie im Libanonkrieg 2006. In ihrem Kern aber ist die Hisbollah nach Einschätzungen der USA, Kanadas und Israels eine terroristische Organisation. Der Protest der Hisbollah gegen das Abkommen zwischen dem Papst und dem Großscheich erwies sich in der islamischen Welt auch deshalb als so heikel, weil niemand Geringerer als der iranische Staatschef und Religionsführer Ajatollah Ali Chamenei sich als eines der Oberhäupter der Hisbollah sieht. Der Iran finanziert die schiitische Hisbollah auch offen. Das Abkommen zwischen dem Papst und dem Großscheich Tantawi hatte also die beiden Lager des Islam, das friedliche und das bewaffnete, gespalten. Schon im Jahr 2000 gingen Androhungen von Attentaten extremistischer islamischer Gruppen im Vatikan ein. Ein Teil der Hisbollah wollte für ihre Isolierung innerhalb des Islam durch den Papst Rache. Großscheich Tantawi hingegen sah in dem Abkommen mit dem Papst einen Weg zu einem intensiven christlich-muslimischen Dialog. Doch dann hielt Benedikt XVI. am 12. September 2006 die fatale Regensburger Rede. Joseph Ratzinger nutzte ein Zitat, in dem es hieß: »Zeig mir doch, was Mohammed Neues gebracht hat, und du wirst nur Schlechtes und Inhumanes finden.«

Ein solcher Satz war genau das, worauf die Extremisten gewartet hatten. Sechs Jahre nachdem es Papst Johannes Paul II. gelungen war, die militanten Gruppen innerhalb des Islam zumindest teilweise zu isolieren, konnten diese jetzt zurückschlagen. Natürlich attackierten sie den friedlichen Teil des Islam, dessen Vertreter das Versprechen auf Gewaltverzicht mitgetragen hatten, und fragten diese jetzt, wie sie einem Papst nur hatten trauen können. Papst Benedikt habe nun sein wahres Gesicht gezeigt und Mohammed beleidigt.

Papst Johannes Paul II. wurde seit seinem Besuch in der Al-Azhar-Hochschule als religiöser Führer respektiert, der den Islam akzeptierte und achtete. Doch die Herabsetzung des Propheten Mohammed durch den folgenden Papst stärkte die Position der Extremisten, die behaupteten, dass Päpsten in keinem Fall zu trauen und das Gewaltverzichtsabkommen des Jahres 2000 ein Fehler gewesen sei. Diese Regensburger Rede schadete dem Vatikan und der katholischen Kirche so massiv, dass Papst Benedikt das Ruder trotz aller Bemühungen nicht mehr herumwerfen konnte. Das zeigte sich, als am Neujahrstag 2011 in Alexandria in einer Kirche der koptischen Christen eine Bombe explodierte und einundzwanzig Menschen in den Tod riss. Papst Benedikt beschloss, etwas eigentlich Selbstverständliches zu tun und um besseren Schutz für die koptischen Christen in Ägypten zu bitten. Aber der Fehler von Regensburg hatte die Beziehung zum Islam weit mehr beschädigt, als man im Vatikan geglaubt hatte. Ein großer Teil der Muslime war der Meinung, dass der Papst nach der Beleidigung Mohammeds das Recht verwirkt habe, sich in Angelegenheiten muslimischer Länder einzumischen. Besonders bitter war für den Vatikan, dass ausgerechnet der Imam der Al-Azhar-Moschee, die zur Hochschule gehört, also jener Institution, mit der Papst Johannes Paul II. den Gewaltverzicht ausgehandelt hatte, erklärte, die Meinung des Papstes über Ägypten sei nicht von Interesse. Der Imam Ahmad al-Tayyeb lehnte jede Einmischung des Papstes ab. Der Papst habe ja auch nicht eingegriffen, als Muslime im Irakkrieg abgeschlachtet worden seien. Zwischen dem Vatikan und der Al-Azhar-Universität, die beide 2000 versucht hatten, einen dauerhaften Frieden zu begründen, herrschte jetzt ein Kalter Krieg.

Abgesehen von der historischen Initiative von Papst Johannes Paul II. in Kairo war die katholische Kirche vor allem mit dem Hickhack im christlichen Lager unter konkurrierenden Kirchen beschäftigt. Auch Papst Benedikt XVI. konnte es nicht lassen, sich daran zu beteiligen. Im August 2000 meinte Joseph Ratzinger als Chef der Glaubenskongregation noch einmal austeilen zu müssen; er setzte die evangelischen und lutherischen Kirchen in seiner Schrift *Dominus Iesus* herab, indem er ihnen ein weiteres Mal erklärte, sie seien keine Kirche, sondern im besten Fall eine Glaubensgemeinschaft; worauf der lutherische Weltbund die Treffen mit Papst Johannes Paul II. absagte.

Mit Beginn des Pontifikats von Papst Franziskus erscheint der Streit wie die sinnlose Rüpelei schlecht erzogener Geschwister, die sich im Sandkasten prügeln. Franziskus ist der erste Papst der Geschichte, der versteht, dass die innerkirchlichen Streitereien darum, welche christliche Kirche die wichtigste ist und welche als Sekte beschimpft werden darf, sinnlos und überflüssig sind angesichts der Auseinandersetzung mit einer aggressiven und mörderischen Form des Islam.

Papst Franziskus versucht einen radikalen Kurswechsel: Der Vatikan soll aufhören, die seit Jahrhunderten lieb gewonnene Inszenierung aufzuführen, die einzige von Christus gegründete Kirche zu sein. Die enorme Energie, die Würdenträger bisher dafür aufwendeten, andere christliche Kirchen herabzusetzen und zu bekämpfen, soll in einen konstruktiven Dialog mit dem Islam investiert werden. Aber die Kurie spielt nicht mit.

Die meisten Kardinäle sind entsetzt darüber, dass Franziskus kein Interesse daran hat, immer wieder klarzustellen, dass die katholische Kirche die »allein selig machende« ist. Er ist der Meinung, dass die katholische Kirche als eine von vielen in die große, aber zersplitterte Gemeinschaft der christlichen Kirchen gehört. Diese Vorstellung war den Päpsten in ihrer Geschichte stets ein Gräuel. Im Zentrum aller großen Konflikte, die zur Entstehung der orthodoxen und auch der lutherischen Kirchen geführt haben, stand die Überzeugung der römischen Päpste, dass es nur eine einzige von Christus gegründete Kirche gebe. Joseph Ratzinger schrieb als Präfekt der Glaubenskongregation, dass Menschen, die nicht zur katholischen Kirche gehören und sich nicht nach den Geboten richten, sich nicht an die Verbote halten und nicht die Sakramente empfangen, »objektiv« vor Gott schlechter dastehen als die in allen Aspekten braven Katholiken. Joseph Ratzinger schreibt in *Dominus Iesus*:

»Wenn es auch wahr ist, dass die Nichtchristen die göttliche Gnade empfangen können, so ist doch gewiss, dass sie sich *objektiv* in einer schwer defizitären Situation befinden im Vergleich zu jenen, die in der Kirche die Fülle der Heilsmittel besitzen.«

Vor Gott haben Nichtkatholiken also schlechtere Karten als Katholiken? So schreibt es Joseph Ratzinger, der überzeugt davon ist, dass die katholische Kirche nicht einen von vielen Wegen zu Gott eröffnet, sondern den einzigen von Jesus Christus auserwählten.

Papst Franziskus vor dem Palast in Caserta (Italien) am 26. Juli 2014: Bevor er einen Freund der evangelikalen Kirche treffen kann, muss er zunächst zu einem offiziellen Besuch in die Diözese reisen.

Für Papst Franziskus bedeutet diese Auseinandersetzung der christlichen Kirchen einen lächerlichen Eiertanz. Das zeigte er mit einer einzigartigen Geste am 28. Juli 2014 in Caserta. An diesem Tag zertrümmerte er ein Feindbild der katholischen Kirche. Diese entwickelte im Lauf der 1980er-Jahre unter dem Pontifikat von Papst Johannes Paul II. eine geradezu panische Angst vor den sogenannten Pfingstbewegungen. Die pentekostalen Kirchen sind auf dem Vormarsch und äußerst erfolgreich. Weltweit stieg die Zahl der Mitglieder bis zum Jahr 2010 auf etwa eine halbe Milliarde, das sind etwa halb so viele Mitglieder, wie die katholische Kirche hat. Diese hat ihre Konkurrenzkirchen jahrhundertelang als »Sekten« diskriminiert. Doch bei diesen Zahlen von einer Sekte zu sprechen, scheint absurd. In Brasilien warnen die Bischöfe, dass die Katholiken geradezu erdrutschartig zu den Pentekostalkirchen überlaufen. Der erklärte Wille, die massenhafte Abwanderung der Katholiken zu pentekostalen Kirchen zu verhindern oder wenigsten einzudämmen, zeigt bisher wenig Erfolg.

Die Auseinandersetzungen mit anderen Religionen, wie etwa dem Islam, schien der katholischen Kirche bis zum Amtsantritt von Franziskus, so unglaublich das auch klingt, unwichtig, gemessen am Kampf innerhalb der Christenheit um das Vorrecht, die legitime Kirche des Jesus von Nazareth zu sein. Viele christliche Bewegungen, vor allem die charismatischen, räumen innerhalb der katholischen Kirchen regelrecht ab. Rein statistisch zeichnet sich ab, dass in spätestens hundert Jahren die katholische Kirche in Lateinamerika nach ihren Mitgliedern in der Minderheit sein wird. Diese Bedrohung fürchten viele Bischöfe in Lateinamerika.

Deshalb löste die Entscheidung des Papstes, seinen persönlichen Freund, den Pastor einer pentekostalen Kirche, in Caserta zu besuchen und um Vergebung zu bitten für das, was Katholiken diesen Kirchen angetan hatten, Ablehnung aus. Dieser Besuch in Caserta zeigte deutlich, wie sehr die Vorstellungen des Vatikans und dieses Papstes immer wieder aufeinanderprallen. Franziskus wollte in Caserta nur seinen alten Freund, den Priester der pentekostalen Kirche, Giovanni Traettino, besuchen. Schon die Planung löste im Vatikan Furcht aus. Franziskus bekam das durchaus mit und sprach es auch aus. Bei seiner Ankunft in Caserta sagte er: »Es gibt da einige, die wundern sich, dass der Papst sich mit den Gläubigen der Evangelikalen trifft. Ich bin gekommen, um meine Brüder zu treffen.«

Ein Papst kann aber nicht einfach in eine Diözese reisen, ohne dort zunächst die katholische Gemeinde zu besuchen. Was würde es für einen Eindruck machen, wenn ein Papst zunächst die Mitglieder einer

Sekte besucht, wie viele im Vatikan die pentekostalen Kirchen noch immer nennen, während der Bischof der Diözese auf den Besuch des Papstes erst noch warten muss? Der Papst reagierte auf diese Bedenken und besuchte am 26. Juli 2014 zunächst die Stadt Caserta, feierte eine heilige Messe und kam am 28. Juli mit einem Hubschrauber aus Rom noch einmal zurück, um mit dreihundertfünfzig geladenen Gästen der Pentekostalgemeinde zu feiern. Der Papst entschuldigte sich dabei hochoffiziell. Er sagte: »Zu denen, die die Mitglieder der Pentekostalkirche verfolgt und angezeigt haben, gehören auch Katholiken. Ich als Pastor der katholischen Kirche bitte um Vergebung für die katholischen Schwestern und Brüder, die nicht verstanden haben oder vom Teufel versucht worden sind.«

Papst Franziskus pulverisierte damals in Caserta mit einem Satz die Haltung, die sein Vorgänger vertreten hatte: dass es eben nur eine von Christus gegründete Kirche gebe, die katholische, und dass deren Mitglieder »objektiv« vor Gott besser dastünden. Franziskus erteilte dieser Sichtweise eine klare Absage: »Es ist eine Versuchung zu sagen: Ich bin die Kirche und du bist die Sekte.« Das hatte gesessen, denn der Papst entlarvte so die Überheblichkeit der katholischen Kirche, die immer wieder der Versuchung erliege zu sagen, sie sei die einzig richtige.

Für Franziskus ist der Dialog mit dem Islam die weit größere Herausforderung. Nach seiner Wahl setzte er alles daran, das fortzuführen, was Papst Johannes Paul II. begonnen hatte, einen Dialog mit der Al-Azhar-Hochschule und den kalten Religionskrieg zu beenden. Auch Franziskus wusste, wie wichtig es sein würde, die Empfehlung eines Gewaltverzichts auf sunnitischer Seite für alle Gruppen zu erreichen. Papst Franziskus setzt dabei auf eine ganz klare Strategie: die Trennung von Religion und Gewalt. Angesichts der mörderischen Terrorwellen des IS in weiten Teilen der Welt sehen immer mehr Politiker einen Zusammenhang zwischen der Religion des Islam und diesem Terror. Anschläge werden nur noch klassifiziert danach, ob sie einen islamistischen Hintergrund haben. Damit werden die Religion und der Terror in einen inneren Zusammenhang gebracht, und genau das will Papst Franziskus bekämpfen.

Schon 2013 erklärt er dazu in seinem apostolischen Schreiben *Evangelii Gaudium*:

»Die heiligen Schriften des Islam bewahren Teile der christlichen Lehre; Jesus Christus und Maria sind Gegenstand einer tiefen Verehrung, und es ist bewundernswert zu sehen, wie junge und alte Menschen, Frauen und Männer des Islam fähig sind, täglich dem Gebet Zeit zu widmen und an ihren religiösen Riten treu teilzunehmen.«

Aus Sicht der Hard-
liner im Vatikan ein
skandalöses Treffen:
Giovanni Traettino
mit dem Papst.
Zwei alte Freunde,
doch Traettino ist
aus Sicht der Kurie
Pastor einer Sekte,
die der katholischen
Kirche gefährliche
Konkurrenz macht.

Weiter heißt es: »(…) der wahre Islam und eine angemessene Inter-
pretation des Koran stehen jeder Gewalt entgegen.«

Die Signale des Papstes werden in der muslimischen Welt mit
äußerster Aufmerksamkeit aufgenommen. Jorge Mario Bergoglio erscheint als Hoffnungsträger, der den interreligiösen Dialog neu bele-
ben kann. Ungemein bedeutsam war dabei die Entscheidung des Papstes, am 7. September 2013, während des Gebets vor dem Petersdom für
Frieden im Nahen Osten und vor allem in Syrien, zahlreiche Muslime
in der Nähe des Altars als Gäste zu empfangen. Der Papst geht dabei
auf seiner Linie sehr radikal vor, und er geht sehr weit.

Auf dem Rückflug vom Weltjugendtag in Polen am 31. Juli 2016 sagte Franziskus einen der Sätze, die ihm im eigenen Lager Ärger einbringen: »Ich mag nicht über muslimische Gewalttaten sprechen. Man
müsste dann auch über katholische Gewalttaten reden. Nicht alle Muslime sind gewalttätig, und nicht alle Katholiken sind gewalttätig.«

So gut gemeint der Satz auch ist, er trifft nicht den Kern der Wahrheit, und das weiß der Papst ganz genau. Es gibt auf der Welt keine

nennenswerten Gruppen katholischer Terroristen, die bereit sind, Attentate zu verüben. Es gibt aber durchaus zahlreiche islamistische Gewalttäter, die bereit sind, im Namen extremistischer Gruppen wie dem Islamischen Staat Menschen umzubringen.

Papst Franziskus ist klar, was das bedeutet: Der Konflikt innerhalb der katholischen Kirche wird sich zuspitzen, wenn er weiter erklärt, dass es keinen aus dem Islam zu begründenden Terror gibt. Denn die Forderung wird lauter, dass der Papst endlich eine klare Verurteilung islamistischer Gewalttäter ausspricht. Papst Franziskus weiß aber auch, dass die extremistischen Islamisten genau das, eine Zuspitzung des Konflikts, erhoffen. Hier zeigt sich das große Thema dieses Papstes in den ersten drei Jahren seines Pontifikats: Er will trotz der heftigen Kritik in den eigenen Reihen daran festhalten, dass die Religion des Islam friedfertig ist. Dass es hohe Geistliche im Islam gibt, die zu Gewalttaten aufrufen und aus mehreren Ländern in Europa eben wegen des Aufrufs zur Gewalt abgeschoben wurden, lässt er unter den Tisch fallen.

Und so verändert sich der interreligiöse Dialog in der Amtszeit von Papst Franziskus grundlegend. Er ist kein vatikanischer Zeitvertreib mehr, sondern er wird überlebenswichtig. Die Anschläge, begangen im Namen einer Religion, zeigen, dass die Religionen, und zwar alle, gefordert sind, Position zu beziehen.

Nach drei Jahren energischen Festhaltens an seiner Linie zeigen sich erste Erfolge. Der Papst ließ auf allen Ebenen verhandeln, und am 23. Mai 2016 hatte er sein großes Ziel verwirklicht: Er konnte im Vatikan denselben Imam, Ahmad al-Tayyeb, das Oberhaupt der Al-Azhar-Moschee und -Hochschule, umarmen, jenen Mann, der seit der Regensburger Rede von 2006 eine Eiszeit für die Beziehungen mit dem Vatikan verhängt hatte. Franziskus einigte sich im Gespräch mit dem Imam auf eine Erklärung, in der Ahmad al-Tayyeb den Verzicht aller friedliebenden Religionen »auf Gewalt und Unterstützung des Terrorismus« bekräftigte. Der Papst hatte gewonnen, den Kalten Krieg der Religionen beendet, indem er es den Muslimen überließ, muslimischen Terror zu brandmarken. ■

Papst Franziskus verwirklichte am 23. Mai 2016 eines der wichtigsten Ziele seiner bisherigen Amtszeit. Der Erfolg ist von historischer Bedeutung. Doch die Öffentlichkeit nahm von diesem einzigartigen Ereignis kaum Kenntnis: dem Friedensschluss mit dem Islam.

Seit Beginn der weltweiten Attentate terroristischer Gruppen in den 70er-Jahren hegte der Vatikan den Traum, mit einer aktiven Politik die Gefahr religiös motivierter Attentate zu bannen. Vielen Kardinälen, die Erfahrung mit dem Islam hatten, wie etwa Silvio Oddi, war klar, dass im schlimmsten Fall ein weltweiter Krieg zwischen Muslimen und Christen drohen könnte.

Schon Papst Johannes Paul II. wurde von dem langjährigen italienischen Ministerpräsidenten Giulio Andreotti darüber informiert, dass der libysche Staatschef Muammar al-Gaddafi auf einen terroristischen Anschlag in Mekka und Medina hoffte, was einen Weltkrieg auslösen würde und nach Meinung Gaddafis vor allem Israel vernichten könnte. Und so war es für Johannes Paul II. von zentraler Bedeutung, die militanten Gruppen im Islam und im Christentum zu isolieren. Und schließlich gelang es dem Papst im Jahr 2000 bei seinem Besuch in Kairo, in der wichtigsten Glaubensorientierung für die 900 Millionen Sunniten, der Al-Azhar-Universität in

Kairo, ein gemeinsames Abkommen mit Imam Sayyid Tantawi zu schließen, wonach im Namen Gottes niemals Gewalt ausgeübt werden dürfe.

Das Abkommen zeigte sofort Wirkung, denn die Hisbollah spuckte Gift und Galle, beschimpfte Tantawi als Verräter. Diese Schiitenmiliz leitet ihre Existenzberechtigung vom bewaffneten Kampf im Namen Gottes ab, geführt vom Iran. Das grundsätzliche Bekenntnis der obersten sunnitischen Glaubensinstanz, dass der Islam Frieden bedeute, löste ihren Widerstand aus. Der Versuch, die Gewalttäter zu isolieren und ihr Auftreten nicht auf das Konto des gesamten Islam gehen zu lassen, schien zu funktionieren. Aber während des Pontifikats von Benedikt XVI. brach die Al-Azhar-Universität alle Kontakte zum Vatikan ab. Jahrelang sprachen die wichtigsten Einrichtungen des Christentums und des sunnitischen Islams nicht mehr miteinander

Erst Papst Franziskus gelang, was unmöglich schien. Derselbe Imam, Ahmad al-Tayyeb, Großscheich und Rektor der Al-Azhar-Universität, der die Beziehungen zu Papst Benedikt XVI. abgebrochen hatte, kam in den Vatikan, um die Eiszeit der Religionen zu beenden. Am 23. Mai 2016 erneuerten der Imam und der Papst ein »Bündnis gegen den Terrorismus«. ∎

Franziskus beim interreligiösen Treffen auf Sri Lanka: Der Papst will eine offene Kirche, die sich nicht wie in einer Burg verschanzt, sondern auf andere Religionen zugeht.

▷ Papst Franziskus besucht am 14. Januar 2015 den Mahabodhi-Tempel auf Sri Lanka: Er unterstreicht immer wieder die Ehrfurcht vor der Frömmigkeit von Menschen anderen Glaubens.

Am 25. Mai. 2014 in Beth ehem. Franziskus zelebriert die Messe auf dem Krippenplatz. Wie bereits bei den Besuchen von Papst Johannes Paul II. und Benedikt XVI. unterbricht der Muezzin der nahen Moschee die Worte des Papstes.

Der türkische Präsi-
dent Recep Tayyip
Erdogan kann dem
Papst nicht einmal in
die Augen schauen,
das Verhältnis wäh-
rend des Besuchs am
28. November 2014
ist sehr kühl.

▷ Sichtlich beein-
druckt zeigt sich
Franziskus in der
wundervollen
Hagia Sophia, dem
letzten großen Bau-
werk der Antike.

Koran-Lektion für
den Papst: Der Imam
spricht mit dem Papst
über die heilige Schrift
des Islam.

▷ Papst Franziskus legt am Mahnmal für den Völkermord an den Armeniern 1915/16 durch das Osmanische Reich trotz heftiger Proteste seitens der Türkei Blumen nieder.

GLOBALISIE-RUNG KONTRA MACHTERHALT

UMBAU DER KIRCHE, 2. AKT

Papst Franziskus fand am Tag seiner Wahl nicht nur eine sehr konservative katholische Kirche vor, sondern auch eine konservative Kirche, die auf dem Weg in die Vergangenheit war. Diese Rückwärtsgewandtheit resultierte daraus, dass Papst Benedikt XVI. seiner Kirche einen strikten Kurs zurück in der Geschichte verordnet hatte, indem er die tradierte Macht der italienischen Kardinäle stärkte.

Die katholische Kirche war, wie schon gesehen, über tausend Jahre von Männern regiert worden, die aus dem heutigen Italien stammten. Die Wahl des Papstes bedeutete über Jahrhunderte hinweg nichts anderes als die Beförderung eines italienischen Kardinals auf den Thron des Papstes. Als 1978 der Pole Johannes Paul II. gewählt wurde, begann er einen vorsichtigen Umbau. Er träumte von einer globalen Kirche. Mit seinen 104 Auslandsreisen hat dieser Papst tatsächlich als Erster die Kirche globalisiert, was einen Nebeneffekt hatte. Die Vormacht der italienischen Kardinäle, die seit Jahrhunderten die katholische Kirche beherrschten, brach Papst Johannes Paul II. nicht vollständig, schränkte sie jedoch ein.

Als am 21. Juni 1963 Giovanni Battista Montini zu Papst Paul VI. gewählt wurde, zählte das Kardinalskollegium 80 wahlberechtigte Kardinäle, davon 29 Italiener. Dies bedeutete, dass mehr als ein Drittel des Kardinalskollegiums, 36 Prozent der Stimmberechtigten, Italiener waren, eine erdrückend große Gruppe. Es ist ein seltsames Phänomen, dass ausgerechnet in dem politisch so zerstrittenen Italien, das erst spät einen Nationalstaat bilden würde, die Kirchen der verschiedenen Kleinstaaten und Herzogtümer sich in einem einig waren: dass der Papst aus einem erträumten, aber nicht existierenden Italien stammen sollte. Ein Italien, das erst durch Garibaldi im Jahr 1870 vereinigt wurde. Papst Paul VI. stand also in einer nahezu ununterbrochenen Reihenfolge von Päpsten aus dem heutigen Italien, mit einem kurzen Intervall von dem Niederländer Hadrian IV., der aber nur ein Jahr, zwischen 1522 und 1523, regierte. Wenn man die Päpste aus Aragonien

in Spanien als Ausnahme betrachtet und die Gegenpäpste weglässt, dann muss man bis in das Jahr 1378 zurückgehen, um auf einen nichtitalienischen Papst zu stoßen, also bis zu der Zeit, als die Päpste im Exil in Avignon lebten und Franzosen sich auf dem Thron des Papstes abwechselten.

Das heißt, das Königreich Neapel, der Kirchenstaat, die Republik Venedig, die Republik Florenz, das Herzogtum Mailand und das Herzogtum Urbino waren sich über Jahrhunderte nur darin einig: Der Mann auf dem Thron Petri musste aus dem Land kommen, das zuletzt unter den römischen Kaisern geeint worden war und als ein Teil des römischen Weltreichs existierte. Diese Tradition durchbrach erst Papst Johannes Paul II. Karol Wojtyla baute das Kardinalskollegium um und nahm den Italienern einen Teil ihrer Macht. Das Kardinalskollegium, das er hinterließ und das Papst Benedikt XVI. wählte, zählte nur noch 20 Italiener unter den 117 Wahlberechtigten. Der Anteil der wahlberechtigten Italiener war also seit der Wahl Paul VI. von 36 Prozent auf 17 Prozent geschrumpft. Die Italiener, die seit mehr als tausend Jahren das Kardinalskollegium beherrscht hatten, verloren mehr als die Hälfte ihrer Stimmen. Doch dann kam Papst Benedikt XVI. Eigentlich schien es nahezuliegen, dass der Nichtitaliener Joseph Ratzinger die Bemühungen seines Vorgängers Johannes Paul II. fortsetzen und das Kardinalskollegium weiter globalisieren würde. Aber das Gegen-

Papst Johannes Paul II. ist der erste Papst, der die katholische Kirche globalisiert. Er drängte die Vormacht der italienischen Kardinäle zurück.

teil trat ein. Unter dem Einfluss des übermächtigen und unglücklich agierenden Staatssekretärs Tarcisio Bertone wuchs die Macht der Italiener erneut. Sie bekamen acht Kardinäle hinzu und konnten wieder auf 28 Wahlberechtigte im Fall eines Konklaves zählen. Damit stellten sie wieder knapp ein Viertel aller Wahlberechtigten. Das war die Situation, die Papst Franziskus vorfand. Und er begann sofort damit, dort weiterzumachen, wo Papst Johannes Paul II. aufgehört hatte, nämlich die Macht der Italiener zu beschränken und die Kirche zu globalisieren.

Dabei griff Franziskus auf drastische Maßnahmen zurück. Bei seinem Amtsantritt stand gerade der neue Patriarch von Venedig Francesco Moraglia bereit, um die Macht des italienischen Kardinalskollegiums zu verstärken. Moraglia erwartete die Kardinalswürde. Dem Papst waren im Grunde die Hände gebunden; er konnte eigentlich nichts tun, musste hinnehmen, dass seine Pläne der Globalisierung nicht vorankamen, denn dem Patriarchen von Venedig den Kardinalshut zu verweigern, wäre ein einmaliger Affront gewesen. Der Patriarch von Venedig stellt kirchenintern eine solch ehrwürdige und traditionsreiche Autorität dar, dass er als Einziger das Purpurrot der Kardinäle tragen darf, ohne Kardinal zu sein. Die Ernennung zum Kardinal ist nur eine Formsache, auf die Venedig uneingeschränkt Anspruch hat. Die Patriarchen von Venedig sind fast so lange Kardinäle, wie es

Francesco Moraglia, Patriarch von Venedig. Franziskus verweigert ihm die Kardinalswürde, die diesem Patriarchen seit Jahrhunderten wie selbstverständlich zuzustehen scheint, und beruft Kardinäle aus entfernten Winkeln der Welt.

das Amt gibt. Bereits Angelo Correr, Patriarch von Venedig, wurde im Jahr 1405 zum Kardinal ernannt, knapp hundert Jahre bevor der Kontinent, von dem Jorge Mario Bergoglio stammt, von den Europäern entdeckt wurde.

Doch Franziskus setzte das eigentlich nicht Vorstellbare durch und verweigerte dem Patriarchen von Venedig umstandslos den Kardinalshut, sowohl im Jahr 2014 als auch im Jahr 2015. Das gleiche Schicksal teilt bis heute mit ihm ein anderer italienischer Kirchenstar, der Erzbischof von Turin. Auch der Turiner Erzbischof stand in den Startlöchern, um die Zahl der italienischen Kardinäle zu mehren. Auch ihm verweigerte Franziskus den Kardinalshut, sowohl 2014 als auch 2015. Dabei konnten auch die Turiner Erzbischöfe seit Jahrhunderten fest mit der Ehre rechnen, Kardinal zu werden. So durfte bereits Girolamo Della Rovere, Bischof von Turin im Jahr 1586, den Kardinalshut tragen. Wie hart der Papst sein kann, zeigte sich, als er kein Problem damit hatte, dem Bischof von Turin beim Pastoralbesuch im Juni 2015 unter die Augen zu treten, das Leichentuch Christi zu bestaunen, das in Turin ausgestellt wird, ohne als Geschenk das Versprechen auf den Kardinalstitel mitzubringen. Insgesamt drückte Papst Franziskus den Anteil der Italiener im Kardinalskollegium in nur zwei Jahren von 25 auf 22 Prozent.

Aber damit nicht genug. Papst Franziskus ist der erste Papst, der die Kirche nachhaltig globalisiert. Das Konklave, das Papst Paul VI. wählte, den Letzten der ununterbrochenen Reihe italienischer Päpste seit 1523, beherrschten ohne den geringsten Zweifel die Europäer. Von den 80 Kardinälen stammten 55 aus Europa. Europa dominierte also mit einer Zweidrittelmehrheit die katholische Kirche weltweit, über 66 Prozent der Stimmen fielen vor der Wahl von Papst Paul VI. den europäischen Kardinälen zu. Danach schwand deren Anteil, gemessen am Rest der Welt, zwar stetig, aber stets kontrollierten die Europäer bei der Wahl eines Papstes mehr als die Hälfte aller Stimmen. Papst Franziskus sorgte in seinem Pontifikat gleich in den ersten Jahren für die historische Revolution. Zum ersten Mal sank die Zahl der wahlberechtigten Europäer im Kardinalskollegium unter 50 Prozent. Papst Franziskus ernannte bereits so viele Kardinäle aus anderen Erdteilen, dass die europäischen Kardinäle im Jahr 2016 nur noch 47,32 Prozent der Stimmen und damit der Macht in der Kirche besaßen. Franziskus kann damit für sich in Anspruch nehmen, das vollendet zu haben, was Papst Johannes Paul II. begonnen hatte: die katholische Kirche tatsächlich, nicht nur durch Symbole, sondern in ihrer Machtstruktur zu globalisieren. ■

An der Grenze zwischen den USA und Mexiko. Im Wahlkampf 2016 stellt der Papst sich offen gegen Donald Trump und kritisiert eine Politik, die Mauern und Zäunen gegen Flüchtlinge das Wort redet.

◁ Franziskus besucht ein Krankenhaus schwer kranker Kinder. Er will die Kirche wieder an die Seite der Schwächsten führen.

▷ Papst Franziskus
und Raúl Castro.
Nach dem Treffen
wird der Atheist
Castro scherzen:
»Wenn der Papst so
weitermacht, werde
ich wieder in die ka-
tholische Kirche ein-
treten.« Franziskus
half entscheidend bei
der Annäherung der
USA an Kuba mit.

Franziskus besuchte
bisher zweimal Kuba.
Inzwischen gibt es
dort wieder Priester-
seminare.

Der Papst nimmt in Armenien aus Respekt an einem Gottesdienst nach armenischem Ritus teil und feiert keinen eigenen Gottesdienst.

◁ Franziskus im Juni 2016 in Armenien: Während der Sowjetzeit war die armenische Kirche, die älteste der Welt, fast vollständig ausgelöscht worden.

In der Geschichte der katholischen Kirche finden sich nur wenige Päpste, die genau wussten, was sie in ihrem Pontifikat erreichen wollten. Die meisten verhielten sich widersprüchlich. Einer der Entschlossenen war Papst Julius II. (im Amt 1503 bis 1513), der schon mit der Wahl seines Namens klarstellte, was er wollte. Er nannte sich nicht nach dem heiligen Julius, einem Märtyrer, sondern nach Julius Caesar. Er legte sich eine Privatarmee, die Schweizergarde, als Leibwache zu und wollte die Macht des Kirchenstaats vergrößern. Das war zwar nicht christlich, aber genau geplant. Johannes XXIII. wollte mit dem Zweiten Vatikanischen Konzil die Kirche revolutionieren. Johannes Paul II. wollte mit seiner Botschaft all denen den Kampf ansagen, die vor allem im Sowjetreich den Menschen den Glauben an Gott austreiben wollten. Franziskus gehört ebenfalls zu dieser Kategorie von Päpsten. Bereits im Juli 2013 wählt er als Ziel seiner ersten Reise Lampedusa, eine kleine Insel, die Sizilien vorgelagert ist. Wie kein anderer Ort ist diese Insel ein Symbol für das Massensterben im Mittelmeer. Tausende waren beim Versuch, von Nordafrika aus Europa zu erreichen, ums Leben gekommen. Mit seiner Predigt an einem Altar, der einem Fischerboot nachempfunden ist, fasst der Papst unmissverständlich das Programm für sein Pontifikat zusammen.

Punkt 1: Er ist ein politischer Papst, der sich einmischen wird in die internationale Politik. Punkt 2: Er stellt sich gegen die Katholiken, die einen massenhaften Zuzug armer Immigranten ablehnen. Punkt 3: Er lehnt eine Kirche ab, die sich, wie jahrhundertelang üblich, vor allem um den Glauben an Gott und die Rettung der Seelen im Jenseits kümmern will. Dieser Papst kümmert sich auch um das Leid in dieser Welt. Punkt 4: Der Papst fordert von der Kirche eine neue Haltung zu Arm und Reich. Er sieht Arme nicht als Almosenempfänger, sondern als Opfer, die »arm gemacht wurden« von einer ungerechten Wirtschaft und somit ein Recht haben, sich auch woanders ein besseres Leben zu suchen. Sie sind für ihn keine illegalen Einwanderer.

Der Papst ist ab jetzt ein Revolutionär.

Die Reise nach Lampedusa hat dramatische Folgen: Im Vatikan hat der Papst nun die komplette Kurie gegen sich, die unter seinen beiden Vorgängern darauf ausgerichtet war, sich um das Jenseits, also den Menschen und seinen Glauben, zu kümmern und nicht um soziale Not. In der Kirche weltweit beschimpfen seine Gegner Franziskus von nun an als primitiven Antikapitalisten. ■

Der Papst in Süd-
korea: Asien ist für
die Zukunft der
katholischen Kirche
entscheidend.

Franziskus auf dem
Weg zum Präsiden-
tenpalast in Seoul:
Nur etwa vier Pro-
zent der vier Milli-
arden Asiaten sind
katholisch. *(Mitte)*

Beim koreanischen
Jugendtag. Aus ka-
tholischer Sicht wird
der pazifische Raum
immer wichtiger.
(unten)

◁ In Lateinamerika
wird der Papst aus
Argentinien wie
ein Held gefeiert.
Er fordert immer
wieder soziale
Gerechtigkeit ein.

Bolivien empfängt
den Papst wie einen
Vater und alten
Freund.

Boliviens Staatschef
Evo Morales schenkt
Franziskus nicht
nur einen Sombrero,
sondern auch ein
hölzernes Hammer-
und-Sichel-Symbol
mit einem Kruzifix,
das der Papst nur
ungern entgegen-
nimmt. *(unten)*

▷ Erstmals wird ein
Heiliges Jahr nicht
in Rom begonnen.
Franziskus öffnet
in der Kathedrale
von Bangui/Zent-
ralafrika die erste
Heilige Pforte für
das Jahr der Barm-
herzigkeit 2016.

AMORIS LAETITIA
UMBAU DER KIRCHE, 3. AKT

▷ Franziskus' Revolution kommt mit einem Lachen daher, aber es ist dennoch eine Revolution.

Die Kurienkardinäle, Bischöfe und Prälaten im Vatikan, die nach der Wahl von Papst Franziskus den Kampf gegen ihn aufnahmen, die ihn regelrecht hassen, ihm bis heute Steine in den Weg legen, wussten von Anfang an, dass der erste Papst vom amerikanischen Kontinent auf theologischer Ebene keine Chance haben würde im Vergleich mit seinem Vorgänger, Papst Benedikt XVI. Der Theologieprofessor Joseph Ratzinger hatte Generationen von Theologiestudenten geprägt, hatte und hat nach wie vor viele Anhänger und Bewunderer auf wissenschaftlichem Gebiet. Jorge Mario Bergoglio hatte dagegen sein Leben lang als Priester und Bischof bei den Armen zugebracht. Seine Kämpfe hatten nicht im Studierzimmer stattgefunden, nicht in der Auseinandersetzung mit komplizierten Traktaten von Kirchenlehrern; er hatte versucht, für die Armen sauberes Trinkwasser, Medikamente und etwas Brot zu erkämpfen. Papst Franziskus besitzt auf theologischem Gebiet, nach Meinung seiner Gegner, keine Befähigung, die ihn gegenüber seinem Vorgänger auszeichnet. Was immer er auch schreiben, predigen oder lehren würde, jene Wissenschaftler, die sich mit Gott befassen und Bergoglio ablehnen, würden das alles als das Werk eines Schmalspur-Theologen abtun. Diese Spannung sorgte dafür, dass der bedeutsamste theologische Konflikt in den ersten drei Jahren des Pontifikats von Papst Franziskus zu einer der erbittertsten Schlachten im Vatikan ausartete, die seit Jahrzehnten dort geschlagen wurden.

Franziskus hatte zu Beginn seiner Amtszeit ein Problem vorgefunden, mit dem die katholische Kirche sich seit Jahren herumschlug: Was tun mit wiederverheirateten Geschiedenen? Schon in der Amtszeit von Papst Johannes Paul II. hatten Bischöfe wie der Stuttgarter Bischof Walter Kasper aufbegehrt gegen die hier übliche Praxis. Nach der Lehre der Kirche schlossen sich Frauen und Männer, die sich scheiden ließen und dann wieder heirateten, selbst aus der Kirche aus. Sie hatten kein Recht, an den Sakramenten teilzunehmen, also die Kom-

munion zu empfangen oder gar die Beichte abzulegen. Die progressiven Kräfte innerhalb der Kirche empfanden das Verfahren als falsch; es gab eine Unzahl von Fällen, in denen Frauen und Männer von ihren Ehepartnern zu einer Scheidung regelrecht gezwungen wurden; sie mussten also ohne irgendeine Schuld das Ende ihrer Ehe erleben. Wenn der Ehepartner gegangen war und sie allein zurückblieben, war es ihnen verboten, wieder zu heiraten, es sei denn, sie wollten mit der Strafe der Kirche, dem Ausschluss vom Tisch des Herrn, weiterleben. Viele Bischöfe hielten das für zutiefst ungerecht. An der Basis, in weiten Teilen Europas und der USA, hielten sich die Gemeindepfarrer sowieso nicht daran. Sie gaben auch Geschiedenen, die wieder geheiratet hatten, die Kommunion.

Papst Johannes Paul II. und Papst Benedikt XVI. hatten nicht daran gedacht, die Bestrafung der geschiedenen Wiederverheirateten aufzuheben. Als Papst Franziskus gewählt wurde und er zu verstehen gab, dass er über eine Neuregelung für wiederverheiratete Geschiedene nachdenken wolle, brach im Vatikan ein einzigartiges Sperrfeuer los, um auch nur den Versuch, an der Regelung etwas zu ändern, zu verhindern. Für die Gegner des Papstes ging es um viel, eigentlich um alles. Aus ihrer Sicht war die Unauflöslichkeit der Ehe in Gefahr, eines der sieben Sakramente der Kirche. Aus Sicht der Papstkritiker war die Sachlage ganz einfach: Die Ehe ist unauflöslich.

Kardinal Walter Kasper und Papst Franziskus liegen auf einer Wellenlänge. Endlich kommt, was Kardinal Kasper schon seit Jahrzehnten fordert: die Neuregelung für wiederverheiratete Geschiedene.

Im Matthäusevangelium heißt es im 19. Kapitel, Vers 6:

»Was nun Gott zusammengefügt hat, das soll der Mensch nicht scheiden.«

Kurz darauf in Vers 9 wird Jesus noch deutlicher: »Ich aber sage euch, wer sich von seiner Frau scheidet, außer wegen Ehebruchs, und eine andere heiratet, der bricht die Ehe.«

Für die Hardliner bedurfte es keiner Debatte. Die Ehe ist unauflöslich, das ist Gottes Gesetz. Wenn sich ein Ehepaar trennt, ist das zwar unschön, bedeutet aber aus Sicht der Kirche nichts, denn die Ehe bleibt bestehen, ob das Paar sich nun super versteht oder nicht zusammenlebt.

Die moderne Welt kann mit dieser Haltung nichts mehr anfangen. Sie lässt sich mit dem Verständnis von Partnerschaft und Liebe in der heutigen Gesellschaft nicht vereinbaren. Ein Paar sollte nur dann zusammenbleiben, wenn die Partner sich lieben. Wegen der Kinder zusammenzubleiben oder um den Schein zu wahren, gilt nicht als erstrebenswert. Eine Ehe zu führen ohne Liebe gilt als abwegig. Die katholische Kirche vertritt aber genau diese Linie, dass völlig egal ist, ob sich zwei Menschen noch lieben, eine Ehe bleibt trotzdem immer eine Ehe, und eine neue Liebe ist deswegen für immer ausgeschlossen.

Christus und die Ehebrecherin, um 1520, eine klassische Gestaltung des Bibelmotivs von Tizian.

Ein simples Beispiel zeigt, wie weit sich die Welt des dritten Jahrtausends in dieser Frage von der Position der Kirche wegbewegt hat: die digitalen Partnerbörsen. Die Internetplattformen zur Partnervermittlung lassen keinen Zweifel daran, was man nach dem Ende einer gescheiterten Beziehung tun soll: eine neue beginnen. Diese Partnerbörsen feiern weltweit einen ökonomisch einzigartigen Erfolg mit Millionen Kunden. Ein Großteil der Menschen scheint überhaupt nichts dabei zu finden, nach einer gescheiterten Partnerschaft eine neue zu beginnen.

Die Anhänger von Papst Franziskus gaben von vornherein zu bedenken, dass die Welt sich nun einmal gewandelt habe. In Deutschland wurden 1956 immerhin 46 101 Ehen geschieden. Im Jahr 2015 waren es mehr als dreimal so viele, 163 335. Gleichzeitig stieg die Zahl der »wilden« Ehen drastisch an, man geht von einer Zunahme der Partnerschaften ohne Trauschein um 44 Prozent seit 1996 aus. 13 Prozent aller Paare leben zusammen, ohne eine Ehe vor dem Standesamt oder vor Gott eingegangen zu sein. Etwa 2,5 Millionen Menschen leben demnach allein in Deutschland in einer Partnerschaft, ohne geheiratet zu haben. Sollte die katholische Kirche also tatsächlich die Eheleute, die sich festlegen und heiraten wollen, aber daran scheiterten, mit dem Ausschluss vom Tisch des Herrn bestrafen, während sie all jene, die häufig ihre Partner wechseln, ohne je zu heiraten, in Ruhe gewähren und an den Tisch des Herrn lassen?

Der Streit zu dieser Frage wurde innerhalb der Kirche mit einer solchen Heftigkeit geführt, weil es aus Sicht der Konservativen um die Existenz der Kirche selbst geht, denn die sieben Sakramente bauen in der Kirche wie ein Kartenhaus aufeinander auf. Zieht man eine Karte heraus, bricht alles zusammen, so argumentierten die Hardliner. Fällt das Sakrament der Ehe, dann sind auch die übrigen Sakramente nichts mehr wert, fürchten sie. Aus ihrer Sicht ist die ganze Sache denkbar einfach: Wer sich scheiden lässt, begeht eine bedauerliche, aber aus Sicht der Kirche nicht unbedingt verwerfliche Handlung. Ein Paar, das sich trennt, trennt sich eben. Aber an der Ehe, die es eingegangen ist, ändert das nichts. Sie bleibt bestehen. Erst wenn einer der beiden sich einen neuen Partner sucht, wird die Sache heikel – nach dem Wort Jesu. So wie es die Hardliner sehen, begeht Ehebruch, wer sich scheiden lässt und dann wieder heiratet. Wer einen Ehebruch beichtet, dem muss der Priester den Ehebruch in der Regel auch vergeben, wie das Christus mit der Ehebrecherin auch tat. Aber wer einen neuen Partner heiratet, der ist ja ganz offensichtlich nicht gewillt, mit dem Ehebruch aufzuhören, sondern will mit dem neuen Partner immer wieder aufs

Neue die Ehe brechen. Dadurch gerät der oder die Betreffende in den Zustand fortwährender Sünde und ist damit nicht mehr geeignet, am Tisch des Herrn Platz zu nehmen.

Aus Sicht der Reformer ist das Blödsinn. Der Mensch sei nicht dazu da, um sich nach den Regeln zu richten, sondern die Regeln seien dazu da, dem Menschen zu dienen. Wenn sich die Gesellschaft verändere, müsste auch die Kirche diese Änderungen zur Kenntnis nehmen.

Der Streit um diese Frage wird in den ersten drei Jahren des Pontifikats erbittert ausgetragen. Er wird mit einer solchen Härte geführt, dass der Chef der Glaubenskongregation, Kardinal Gerhard Ludwig Müller, zeitweise eine Kirchenteilung fürchtete. Als die Entscheidung des Papstes näher rückte und klar war, dass er aufseiten der Reformer steht, gab es mehrere hochrangige Kardinäle, die den Papst für einen Häretiker hielten, also der Meinung waren, dass seine Entscheidung ihn zu einem Abtrünnigen mache, der außerhalb der katholischen Kirche stehe und Gottes Wort nicht respektiere, ein Ketzer also. Trotz all dieser Warnungen und Angriffe aus dem konservativen Lager setzte der Papst sich durch.

Am 19. März 2016 erschien das apostolische Schreiben *Amoris Laetitia* (Die Freude der Liebe), und damit setzte der Papst seine Revolution im Vatikan fort. Er machte den Weg frei für Geschiedene, die wieder geheiratet haben und an den Sakramenten der katholischen Kirche teilnehmen wollen. Sie sind »nicht exkommuniziert«, unterstrich der Papst. Sie können, wenn sie dies wollen, in Gesprächen mit ihrem Priester die Zulassung erhalten, an den Sakramenten teilzunehmen.

Der Papst warnte seine Priester, dass der Beichtstuhl »keine Folterkammer« sei, Geschiedene und Wiederverheiratete müssten vielmehr begleitet und unterstützt werden. Zudem macht der Papst Schluss mit einer ureigenen Verblendung der Kirche: dass Sex nur zur Zeugung von Kindern erlaubt sei. Der Papst unterstrich ausdrücklich, dass Sex ein Geschenk Gottes sei und das Verlangen nach Sex bei jungen Paaren nicht abgewertet werden dürfe. Das alles hatte gesessen. Es war die größte Niederlage der Konservativen in den ersten drei Jahren des Pontifikats von Papst Franziskus. ∎

▷ Kardinal Gerhard Ludwig Müller, der deutsche Chef der Glaubenskongregation, wird während der Synode, die mit dem Schreiben *Amoris Laetitia* endet, von der Gefahr einer Kirchenteilung sprechen lassen.

Am 12. Januar 2014 treibt der Papst seine Revolution im Vatikan wieder ein Stück voran, ausgerechnet mit einer Taufe. Es geht um die Taufe der Tochter eines nicht kirchlich getrauten Ehepaars. Sie stehen zufällig während einer Generalaudienz so nahe am Sessel des Papstes, dass sie mit ihm sprechen können. Sie haben eine Bitte an ihn. Sie möchten, dass er ihre Tochter, die sieben Monate alt ist, tauft. Der Papst antwortet, dass sie sich doch bitte an seine Mitarbeiter wenden mögen.

Das tun die beiden Eheleute aus dem malerischen Fischerort Castiglione della Pescaia in der Toskana auch und erfahren, dass der Papst normalerweise nur die Neugeborenen der Mitarbeiter des Vatikans tauft. In diesem Fall will der Papst eine Ausnahme machen. Doch dann stellt sich heraus, dass die beiden gar nicht kirchlich, sondern nur im Standesamt geheiratet haben. Wie soll ein Papst ein Kind taufen, das von Eltern abstammt, die aus kirchlicher Sicht gar nicht verheiratet sind? Für die Kirche ist eine Ehe nur dann gültig, wenn sie vor Gott geschlossen wurde. Das Sakrament der Ehe spenden sich die Eheleute dabei gegenseitig. In Notfällen muss kein Priester dabei sein. Eine standesamtliche, zivile Ehe sieht die Kirche lediglich als einen bürokratischen Akt an, nicht als eine Eheschließung. Den Bund

der Ehe darf nur die Kirche beglaubigen; dafür kämpfen Päpste seit Jahrhunderten.

Als im nachrevolutionären Frankreich in der Verfassung festgelegt wurde, dass die Ehe ein Vertrag unter Eheleuten sein muss, also die Zivilehe gilt, war man im Vatikan außer sich. Das Sakrament der Ehe gilt schließlich als göttliches Gesetz. Bei Matthäus heißt es im Kapitel 19, Vers 9: »Was aber Gott verbunden hat, das darf der Mensch nicht trennen.« Zum offenen Schlagabtausch kam es schließlich, als die ersten Staaten die Zivilehe als obligatorisch einführten. So auch Deutschland am 23. Januar 1874. Im Streit mit Bismarck sucht Papst Pius IX. mit aller Macht das Privileg der kirchlichen Eheschließung zu verteidigen, doch vergeblich. Er und sein Nachfolger Leo XIII. toben vor Zorn. Und sie hätten sich nicht träumen lassen, dass im Jahr 2014 ein Papst ausgerechnet in der Sixtinischen Kapelle (hier die Tauffeier) ein Kind taufen wird, dessen Eltern nur in einem Standesamt geheiratet haben.

Franziskus hat erneut ein deutliches Zeichen gesetzt, das er in seinem Schreiben *Amoris Laetitia* aufnehmen wird: Die Zeiten haben sich geändert, und auch die Kirche muss sich ändern. ■

Franziskus sucht Mitarbeiter, die nicht direkt von der Kirche kontrolliert werden: Er ernennt Greg Burke (nicht verwandt mit Kardinal Burke), ehemaliger Korrespondent des *Time Magazine* und vom Sender *Fox News*, zu seinem Sprecher. Der Journalist ist weder Priester noch Jesuit wie sein Vorgänger.

◁ Kardinal Leo Raymond Burke mit der Cappa-Magna-Schleppe, die heute nur noch sehr konservative Kardinäle nutzen. Burke gilt als ein Sprecher des konservativen Lagers, das Papst Franziskus massiv kritisiert.

Papst Franziskus mit einem seiner wichtigsten Unterstützer auch für *Amoris Laetitia:* Kardinal Christoph Schönborn, Erzbischof von Wien.

▷ Ein nachdenklicher Papst, der den nächsten großen Kampf vorbereitet: Im Jahr 2016 setzt er eine Kommission ein, die sich um die Frage des Frauen-Diakonats kümmern soll. Der erste Schritt zum weiblichen Priestertum in der katholischen Kirche?

▷ Nach dem Welt-jugendtag 2013 in Rio de Janeiro wider-spricht Franziskus einer kirchlichen Doktrin. Auf dem Rückflug wird er sagen: »Wer bin ich, einen Homosexuel-len, der Gott sucht, zu verurteilen?«

HEISSES EISEN HOMO-SEXUALITÄT

UMBAU DER KIRCHE, 4. AKT

Es gibt nichts, was Gäste aus Fernost im Vatikan so sehr fasziniert wie die Tatsache, dass es sich um eine reine Männerwelt handelt. Rombesucher, die keinerlei Kenntnisse über den Katholizismus haben und als Touristen in den Vatikan kommen, fragen immer wieder: Wieso sind hier nur Männer, die Frauenkleider tragen? Dass der Vatikan ein winzig kleiner Staat ist, mit etwa hundert Hektar Fläche, wenn man die Parks von Castelgandolfo hinzurechnet, ist nicht einzigartig. Im Mittelmeerraum gibt es noch weitere Zwergstaaten wie San Marino oder Monaco. Auch was Paläste und Kunstschätze angeht, gibt es für den Vatikan durchaus Konkurrenz: etwa die Uffizien in Florenz oder die Paläste von Venedig. Aber einen Staat, der eine reine Männergesellschaft ist, gibt es auf der ganzen Welt nur einmal, im Vatikan. Die Klöster verschiedener Religionen bestehen zwar auch aus Männergesellschaften, sie sind aber nicht annähernd so exponiert wie der Vatikan, der allein schon wegen des päpstlichen Urbi-et-orbi-Segens weltweite Aufmerksamkeit genießt. Da kann es nicht verwundern, dass ein Staat voller Männer, die ihre Sexualität nicht ausleben, weltweit Neugier weckt.

Mir ging das nicht anders, als ich 1987 nach Rom kam. Ich war allerdings in Fragen von Religion und unterdrückter Sexualität bestens vorbereitet. In meiner Heimatstadt Werl gab es damals noch ein Konvikt, das junge Männer auf das Priesteramt vorbereiten sollte, zumindest einige von ihnen. Sie lebten in Mehrbettzimmern zusammen, und wir Außenstehenden, die nach der Schule einfach nach Hause gehen konnten, um unseren Eltern auf die Nerven zu gehen, ahnten nur, was sich in dem Konvikt abspielte. Im Jargon hieß es »der Kasten«, und im Laufe der Jahre erhärtete sich der Verdacht, dass im »Kasten« auch homosexuelle Beziehungen bestanden. Im Deutschland meiner Jugend war Homosexualität noch weitgehend tabuisiert, und wir mussten uns in Romanen wie James Baldwins großartigem *Giovannis Zimmer* Informationen darüber beschaffen, was Homosexuelle eigentlich mit-

einander taten. In der Oberstufe stellte sich dann heraus, dass es durchaus zum Teil dramatisch verlaufende homosexuelle Beziehungen im
»Kasten« gegeben hatte. Während meines Studiums in Hamburg erlebte ich den Befreiungskampf der homosexuellen Szene, der Anfang
der Achtzigerjahre in den Großstädten relativ weit fortgeschritten
war. In Hamburg waren Schwulenbars und -discos längst Alltag und
auch für heterosexuelle Besucher offen. Schwule wurden langsam als
kaufkräftige Kunden entdeckt, und in Hamburg war es normal, dass
homosexuelle Paare zusammenlebten. Diese Befreiung erlebte einen
schrecklichen Rückschlag durch die Ausbreitung von AIDS, aber dennoch akzeptierte die Gesellschaft Homosexualität mehr und mehr.
Deutschland machte sich damals auf, eine Gesellschaft zu werden, in
der Homosexuelle Außenminister und Bürgermeister werden können.

Im Vatikan des Jahres 1987, als ich dort ankam, hinkte dagegen die
Entwicklung noch sehr weit hinterher. Hinter den Mauern des Papst-
staats war das Thema Homosexualität noch stärker tabuisiert als in
der Kleinstadt, aus der ich stamme. Besonders in Gesprächen mit Kardinälen und Bischöfen aus Afrika tat sich ein Abgrund auf. Selbst so
intelligente Kardinäle wie Peter Turkson, der Chancen hätte, der erste
schwarze Papst zu werden, erklärten immer wieder, es gebe in Afrika
keine Homosexualität. Eine Diskussion mit afrikanischen Würden-
trägern brachte diesbezüglich gar nichts, sie blieben dabei, dass es in

Während seiner
Reisen in Afrika
hört der Papst im-
mer wieder, dass die
katholische Kirche
Homosexualität
als widernatürlich
ablehnen müsse.

Afrika keine Schwulen gebe. Angesichts der Tatsache, dass es in allen Gesellschaften der Erde einen Anteil homosexueller Menschen gibt, schien mir die Behauptung absurd, es gebe einen ganzen Kontinent, wo Homosexualität schlicht nicht vorkomme. Das Paradoxe an der Situation war, dass ein Staat voller Männer, die manchmal weiblich anmutende Kleidung tragen, Hass und Abscheu gegen Homosexuelle verbreitete. Die katholische Kirche sah Homosexualität als widernatürlich. Homosexuellen blieb nur ein Ausweg: nicht homosexuell zu sein, also ihre sexuelle Neigung nicht auszuleben und in dieser Lüge ein Leben zu führen, das Gott gefallen konnte.

Die biblischen Grundlagen dafür kamen mir schon damals seltsam vor. Das härteste Verbot von Homosexualität stammt aus dem dritten Buch Mose, dem Leviticusbuch. Gott spricht direkt Moses an und diktiert ihm Regeln des Zusammenlebens für das Volk Israel. Dort heißt es im Kapitel 20, Vers 13:

»Schläft einer mit einem Mann, wie man mit einer Frau schläft, dann haben sie eine Gräueltat begangen, beide werden mit dem Tode bestraft; ihr Blut soll auf sie kommen.«

Wenn Gott tatsächlich Moses diesen Satz diktiert haben sollte, dann ließe sich daraus ein klares Verbot der Homosexualität ableiten. Was mich immer stutzig machte, war, dass Gott offensichtlich die biologischen Zusammenhänge im Körper einer Frau nicht versteht. Denn wenige Verse weiter im Kapitel 20, Vers 18, heißt es:

»Ein Mann, der mit einer Frau während ihrer Regel schläft und ihre Scham entblößt, hat ihre Blutquelle aufgedeckt, und sie hat ihre Blutquelle entblößt, daher sollen beide aus ihrem Volk ausgemerzt werden.«

Der Mann hat ihre Blutquelle aufgedeckt? Im Judentum ist die Mischung von Sperma mit Blut verboten. Aber hatte das nicht mehr mit der vollkommenen Unkenntnis der Zusammensetzung von Blut und Sperma zu tun?

Kann Gott das tatsächlich gewollt haben, dass ein Mann und eine Frau aus dem Volk ausgemerzt werden, weil sie während der Regel der Frau miteinander schliefen? Sind diese Regeln nicht vielmehr Verhaltensregeln, die typisch sind für ein Volk, das die Bücher Mose in den zwei Jahrhunderten vor Christi Geburt zusammenfasste? Mich hat die Stelle im Buch Leviticus nie überzeugt. Jesus von Nazareth sagt kein Wort über Homosexualität. Lediglich Paulus drischt in seinem Römerbrief auf Homosexuelle ein. Weil die Nichtjuden Gott nicht ehrten, strafte er sie mit dem Hang zur Homosexualität. Im ersten Kapitel des Römerbriefs heißt es ab dem Vers 21:

»Denn sie haben Gott erkannt, ihn aber nicht als Gott geehrt und ihm nicht gedankt. Sie verfielen in ihrem Denken der Nichtigkeit, und ihr unverständiges Herz wurde verfinstert. Sie behaupteten, weise zu sein, und wurden zu Toren. Sie vertauschten die Herrlichkeit des unvergänglichen Gottes mit Bildern, die einen vergänglichen Menschen und fliegende, vierfüßige und kriechende Tiere darstellen. Darum lieferte Gott sie entehrenden Leidenschaften aus: Frauen vertauschten den natürlichen Verkehr mit dem widernatürlichen, ebenso gaben die Männer den natürlichen Verkehr mit der Frau auf und entbrannten in Begierde zueinander. Männer trieben mit Männern Unzucht und erhielten den gebührenden Lohn für ihre Verirrung.«

Diese Bibelstelle überzeugt mich noch weniger. Weil die Menschen sich weigern, Gott zu erkennen, liefert er sie der Homosexualität aus? Wie bitte? Gott macht Menschen schwul aus Strafe? Übertreibt Paulus da nicht maßlos? Hat er hier nicht nur Christen dazu aufrufen wollen, sich abzusetzen von der im griechischen Sprachraum tolerierten Homosexualität? Im Vatikan der späten Achtzigerjahre gab es in jedem Fall keinen Zweifel daran, dass das Ausleben von Homosexualität »widernatürlich« sei, eine Schweinerei, die Gottes Gebot widerspricht.

Ich hatte in Hamburg erlebt, dass an der Uni, aber auch außerhalb, Homosexuelle oft sehr kreativ waren. Ich bin selber heterosexuell, hatte aber in Hamburg eine ganze Reihe homosexueller Freunde und Bekannte. Der Umgang mit ihnen war selbstverständlich und normal, kein bisschen anders als mit heterosexuellen Freunden. Rom dagegen war zu jener Zeit, gemessen an Hamburg, mindestens zwanzig Jahre zurück. Homosexuelle Paare, die Händchen hielten oder sich gar auf der Straße küssten, waren undenkbar. Schwulenbars, die für alle zugänglich waren, existierten nicht, ebensowenig wie Schwulendiscos die in Deutschland längst weit verbreitet waren. Trotzdem lernte ich im Laufe der Jahre mehrere junge homosexuelle Männer kennen, die mich mit Informationen aus der Szene versorgten. Da Homosexualität noch stark tabuisiert war, trafen sich die Männer nachts in öffentlichen Parks. Der beliebteste Treffpunkt war eine der schönsten Stellen der Stadt Rom, der sogenannte Monte Caprino, der Tarpejische Felsen am Kapitol in Rom. In dem Park wimmelte es bei schönem Wetter nachts von homosexuellen Männern auf Partnersuche, auch wenn die Beziehung nur ein paar Minuten dauerte.

Ich bekam im Laufe der Jahre auch immer mal Besuch von homosexuellen Bekannten aus Hamburg; die fanden die römische Szene zwar äußerst romantisch, wegen der wundervollen Parks, in denen es zur Sache ging. In den Trümmern des antiken Rom nach romantischen Abenteuern Ausschau zu halten, schien einen gewissen Reiz auszuüben. Was meine norddeutschen Bekannten äußerst befremdete, war die Geheimnistuerei, die vor allem eine extreme Unbequemlichkeit nach sich zog. Statt in einem bequemen Bett aufzuwachen, kamen meine Bekannten nach nächtlichen Streifzügen zurück, die in Garagen geendet hatten oder auf unbequemen Steinböden, zwischen Kot und Abfall. Meistens hatten die Freunde nach kurzer Zeit die Nase voll von der unbequemen Schattenwelt der homosexuellen Szene in Rom und fuhren in ihr bequemes Hamburg zurück, wo sie in Designershops für Schwule kreierte Edelklamotten einkaufen konnten.

Natürlich gab es in der Szene auch Priester. Meine Bekannten berichteten mir von dem einen oder anderen Pfarrer, der aktiv in der Szene unterwegs war. Es gab sogar so etwas wie eine Gemeinde von Gläubigen, die zu einem stadtbekannten homosexuellen Priester pilgerte, der auch ab und zu nachts am Tarpejischen Felsen erschien.

Die Szene in den höheren Kreisen des Vatikans hingegen hatte mit den nächtlichen Eskapaden gewöhnlicher Stadtpfarrer nichts zu tun. Mich erschütterte, dass religiöse Inbrunst, echter, tiefer Glaube Männer, die unter starkem sexuellem Verlangen litten, in eine Spirale der Schuld drängten. Erst viele Jahre nachdem ich in Rom angekommen war, hatte ein sehr wichtiger Mitarbeiter in einer der wahrscheinlich wichtigsten Kongregationen des Vatikans zu mir so viel Vertrauen gefasst, dass er mir von den Leiden homosexueller Priester aus dem Beichtstuhl berichtete. Er blieb aber sehr generell; ich hätte niemals darauf schließen können, wen er meinte. Soweit ich das beurteilen kann, hat er mir gegenüber das Beichtgeheimnis niemals verletzt. Er berichtete mir von Männern, die in großer Not zu ihm kamen, weil sie ihren Arbeitsplatz im Vatikan täglich mehrfach verließen, um an geschützten Stellen zu masturbieren.

»Es ist eine Sucht, die sich hochschaukelt. Sie stellen sich Verkehr mit einem Mann vor, masturbieren dabei, und das verursacht bei ihnen ein so starkes Schuldgefühl, dass sie zu mir in die Beichte kommen, sehr häufig sogar. Gleichzeitig aber stachelt sie das Gefühl, schmutzig zu sein, sexuell offensichtlich immer weiter an. Sie werden geradezu abhängig und beginnen ungewöhnlich häufig zu masturbieren.«

Sexuelles Verlangen war aber nur ein kleiner Teil des Problems der homosexuellen Priester im Vatikan. Das zweite Problem wog weit schwerer: Einsamkeit. Meine Erfahrung im Vatikan zeigte mir im Laufe von knapp drei Jahrzehnten, dass der Mangel an menschlicher Wärme, Zuneigung, Zärtlichkeit, Verständnis, Zuhören weit schwerer wiegt als die schlichte Sexualität. Einsame homosexuelle Männer im

Vatikan verwandelten sich manchmal in regelrechte emotionale Krüppel, die auch nicht mehr in der Lage waren, für andere Menschen irgendetwas zu empfinden. Mir sind im Laufe der Jahrzehnte allerdings auch viele Männer begegnet, für die das alles irgendwie überhaupt kein Problem zu sein schien. Sie wirken asexuell. Mich hat das immer verstört, weil ich mir ein Leben ohne den Wunsch nach Sexualität nicht vorstellen kann; aber diese Männer schienen keinerlei Bedürfnis nach Sex oder erotischer menschlicher Nähe zu haben.

Ich dachte in meinen ersten Jahren, dass es nur eine Frage der Zeit sein würde, bis ich dank der Informationen meiner Bekannten in der homosexuellen Szene in Rom auf den einen oder anderen »großen Namen« aus dem Vatikan stoßen würde, der sich im homosexuellen Untergrund austoben wollte. Es gab im Laufe der Jahre tatsächlich einige Vorfälle, die der ehemalige Chef des Pressesaals, Joaquin Navarro-Valls, bravourös aus der Welt zu schaffen vermochte. Der bekannteste Fall war der eines wichtigen Prälaten, der abends mit dem Papst eine Messe gefeiert hatte. Er hatte seine liturgischen Gewänder noch im Auto, als er zur Stricherszene an den römischen Stadtrand fuhr. Er lud sich einen Transvestiten in den Wagen und hatte dann das Pech, in eine Polizeikontrolle zu geraten. Statt die Ruhe zu bewahren, gab der Prälat Gas, durchbrach die Polizeisperre, verletzte dabei einen Polizisten und wurde nach einer Verfolgungsjagd gestellt. Die Geschichte, obwohl so spektakulär, wurde nur in winzigen Meldungen in einigen Zeitungen erwähnt. Der betreffende Prälat wurde vom Staatssekretariat in eine Nuntiatur versetzt, die weit weg, sogar sehr weit weg lag.

Je besser ich mich im Laufe der Jahre im Umfeld von Papst Johannes Paul II. auskannte, desto gespannter war ich, ob es auch in der unmittelbaren Umgebung des Papstes Homosexuelle gab. Ich fragte mich, wann ich von einem seiner engen Mitarbeiter erfahren würde, den einer meiner schwulen Freunde vielleicht von ihren Eskapaden am Tarpejischen Felsen kannte. Doch ich muss zugeben, dass ich mich in der Einschätzung des Umfelds von Papst Johannes Paul II. getäuscht hatte. Dort herrschte eher ein rauer Ton von Männern, die gegenüber sich selbst rücksichtslos waren, und es fand sich nicht der geringste Hinweis auf die in homosexuellen Kreisen geschätzte Eleganz, sondern eher die typische Schlampigkeit heterosexueller Männer.

Es gab zwar eine ganze Reihe von Männern im engsten Umfeld von Papst Johannes Paul II., die im Ruf standen, homosexuell zu sein. Ich habe alle, die das betrifft, sehr gut kennengelernt und bin überzeugt, dass diese Gerüchte Blödsinn waren und sind. Nehmen wir zum Beispiel Joaquin Navarro-Valls. Der eine oder andere Kollege beschimpfte

Papst Johannes Paul II. wandte sich immer wieder in scharfer Form gegen Homosexualität. Homosexuellen bleibe nichts anderes übrig, als ihr Leben lang keusch zu bleiben, wenn sie nicht sündigen wollten.

ihn als schwul, weil er Mitglied von Opus Dei ist und Keuschheit gelobt hat. Joaquin erwies sich stets als sehr galant zu Frauen, und ich bin sicher, dass er auch an Frauen interessiert ist. Anzeichen dafür, dass Joaquin Navarro-Valls schwul ist, habe ich nie festgestellt.

Einer der engsten Mitarbeiter Johannes Pauls II. war der Jesuitenpater und spätere Kardinal Tucci. Der Mann war ein Kerl wie ein Baum, ein Haudegen, der Unmengen Belga-Zigaretten rauchte, einen Handschlag hatte wie ein Holzfäller und die bewundernswerte Eigenschaft, auf dem Teppich zu bleiben, obwohl er bei der Vorbereitung aller Papstreisen ständig mit Staatschefs zu tun hatte. Er organisierte jahrzehntelang alle Reisen des Papstes und schien mir zweifellos ein heterosexueller Mann zu sein, der nun mal Keuschheit gelobt hatte.

Papst Johannes Paul II. brachte nicht das geringste bisschen Geschmack für Möbel und Kleidung auf, während homosexuelle Männer darauf oft Wert legen. Der Papst umgab sich nicht gern mit schönen Dingen, im Gegenteil, sie waren ihm völlig egal. Das päpstliche Appartement zeichnete sich vor allem durch Armseligkeit aus. Die Tischdecken waren ebenso zerschlissen wie das Geschirr abgenutzt, die Möbel hatten überall sichtbare Spuren von langjährigem Gebrauch. Selbst die liturgischen Gewänder des Papstes waren altersschwach.

Der Hof von Papst Benedikt XVI. hatte zweifellos weniger Haudegen zu bieten als der seines Vorgängers. Die engste Umgebung des Papstes, also sein Sekretär und Vertrauter, Joseph Clemens, war typisch für die Amtsführung des Papstes. Clemens und Joseph Ratzinger siezten sich stets. Sie hatten immer ein sehr freundschaftliches, aber eben auch distanziertes Verhältnis, wie es für Männer ihrer Generation wahrschlich typisch ist. Joseph Ratzinger war mir bereits als Kardinal asexuell vorgekommen. Er war ein höflicher, zurückhaltender, aber in kein erkennbares sexuelles Schema passender Mann. Ich kann mir gut vorstellen, dass er sich in seinem Leben nie danach gefragt hat, ob es homosexuelle Männer im Vatikan geben könnte. Ihn interessierte der Glaube an Gott, nichts weiter.

In den knapp drei Jahrzehnten am Hof des Papstes habe ich nur selten Szenen erlebt, in denen hohe Würdenträger des Vatikans ihre homosexuellen Neigungen zu erkennen gaben. Ich muss zu ihrer Verteidigung aber sagen, dass immer Alkohol im Spiel war. Gefährlich ist vor allem für ältere hohe Würdenträger immer die gleiche Konstellation: Wenn in der Hitze des römischen Sommers im Vatikan ein Empfang gegeben wird und alle sich wegen des Flüssigkeitsverlustes reichlich von den Kellnern einschenken lassen, dann kommt es vor, dass Würdenträger ihre Hände nicht mehr da haben, wo sie sie haben sollten.

Papst Johannes Paul II. hatte eine glasklare Haltung zum Thema Homosexualität im Vatikan. Er weigerte sich zu glauben, dass es schwule Männer im Staat des Papstes gab, die ihre Sexualität auslebten. Er

Auch Papst Benedikt XVI. setzte sich schroff von Homosexuellen ab und bezeichnete Homosexualität als eine »schwere Prüfung für die Betroffenen«.

war überzeugt, dass die im Sowjetimperium immer wieder gegen die Kirche eingesetzte Waffe, Priester als schwul zu brandmarken, auch im Vatikan gegen Unschuldige eingesetzt wurde. Er ignorierte solche Anschuldigungen. Papst Benedikt XVI. war von seinem Wesen her an dem Thema Sexualität augenscheinlich nicht interessiert, solange es nicht eng mit dem Glauben an Gott verknüpft war.

Beide Päpste blieben bei der Linie, dass Homosexualität ein widernatürliches und Gott nicht gefälliges Verhalten sei. Papst Johannes Paul II. hielt am 20. Januar 1994 eine erschreckend harte Rede gegen Homosexuelle. Da heißt es, dass es keine »rechtliche Anerkennung der homosexuellen Praktiken« geben dürfe und dass Homosexuelle sich von »dieser Neigung befreien« müssten. Gay Pride, die Demonstration für die Rechte Homosexueller, nannte er eine »Beleidigung«.

Schwule waren nach Meinung von Papst Johannes Paul II. also Opfer einer widernatürlichen Neigung, und Staaten sollten nicht einmal ihren Schutz in Gesetzesform aufnehmen. Homosexuelle standen damit außerhalb der zivilen Gesellschaft. Genau dieser Schluss folgt aus dem, was der Papst sagte. Papst Benedikt XVI. schlug in die gleiche Kerbe und sagte in seinem Interviewbuch *Licht der Welt*, dass Homosexualität »niemals moralisch gerechtfertigt« werden könne und dass Homosexuelle vor einer »großen Prüfung« stünden.

Und dann kam Papst Franziskus.

Jorge Mario Bergoglio hatte als junger Priester an der Seite seines Mentors Antonio Quarracino, seines Vorgängers im Amt des Bischofs von Buenos Aires, dessen ständige Hasstiraden gegen Homosexuelle ertragen müssen. Quarracinos Witze über Homosexuelle waren beleidigend und verletzend. Der Kardinal ging so weit, dass er eine Strafanzeige kassierte, weil er forderte, Homosexuelle in Ghettos zu sperren. Jorge Mario Bergoglio muss sich für die Attacken seines Vorgängers geschämt haben. Damals könnte in ihm die Entscheidung gereift sein, dass Schluss sein muss mit den ständigen Beleidigungen von Homosexuellen durch Priester. Nach seiner Wahl zum Papst stand wohl die Frage im Raum, was diesbezüglich nun zu tun sei. Doch ihm waren die Hände gebunden. Seine Vorgänger hatten unerbittlich auf Homosexuelle eingedroschen und somit nach dem ewigen Gesetz des Vatikans dafür gesorgt, dass diese Einschätzung für alle Zeiten zu gelten habe. Päpste mussten nun mal über die Päpste, die vor ihnen regiert hatten, stets als die allzeit geliebten Vorgänger sprechen, die in ihrer »unendlichen Weisheit« (*infinita saggezza*) das Amt ausgeübt hatten.

Beide Vorgängerpäpste hatten also mit Nachdruck Homosexualität verurteilt. Franziskus konnte, selbst wenn er wollte, nichts dagegen

tun, so wollte es das alte Gesetz der Kirche. Als er dann doch etwas tat, war man im päpstlichen Gefolge fassungslos. Zweimal in den ersten drei Jahren seiner Amtszeit stellte sich der Papst eindeutig gegen seine Vorgänger, um endlich die Diskriminierung Homosexueller durch die katholische Kirche zu beenden. Ich war auch an Bord der päpstlichen Maschine auf dem Rückflug von Franziskus' apostolischem Besuch in Armenien, als der Papst endlich den jetzt schon als historisch einzu-ordnenden Satz sagte: »Die Kirche muss sich bei den Homosexuellen entschuldigen.« Ich dachte, mich trifft der Schlag, als der Papst ein paar Meter vor mir das Mikrofon in die Hand nahm und diesen Satz sagte. Damit war der endgültige Bruch mit seinem Vorgänger da. Statt Homosexuelle als »Opfer einer Neigung« darzustellen, die sich davon »befreien müssen«, als Menschen, deren sexuelle Neigung nicht ein-mal durch den Gesetzgeber geschützt werden darf, die lediglich eine große Prüfung vor sich haben, schlägt Papst Franziskus ein neues Ka-pitel auf. Bereits im Jahr 2013 auf dem Rückflug von Rio de Janeiro nach Rom hatte der Papst gesagt: »Wer bin ich, einen Homosexuellen, der Gott sucht, zu verurteilen.« Dieser Satz war bereits eine klare Öff-nung gegenüber Menschen mit homosexueller Neigung gewesen. Der denkwürdige Satz vom 27. Juni 2016, als er im Flugzeug forderte, dass die Kirche sich bei den Homosexuellen entschuldigen müsste, läutete diesbezüglich ein neues Stadium in der Geschichte der Kirche ein. ∎

Die Gay-Pride-De-monstration 2000 in Rom: Johannes Paul II. verurteilte den Aufmarsch der Schwulen und Lesben nahe dem Vatikan als Schande – dazu ausgerechnet im Heiligen Jahr.

Der Gottesdient an der Copacabana
zum Abschluss des Weltjugendtages in Rio de Janeiro. Hatte der
Papst da schon den Entschluss
gefasst, wenige Stunden später
Homosexuelle zu rehabilitieren?

Papst Franziskus in
Armenien: Plante
der Papst hier bereits
seine historische
Erklärung zur Homo-
sexualität?

◁ Die Sensation auf
dem Rückflug von
Armenien nach Rom:
Franziskus erklärt,
dass die katholische
Kirche sich bei
Homosexuellen zu
entschuldigen habe.

Papst Franziskus zelebriert die Messe in der Nuntiatur in Washington im September 2015. Hier wird er einmal mehr zeigen, dass er sich auch mit Tricks und Fallen in keine Richtung drängen oder aufhalten lässt. Im Gegenteil. Gerade dann, wenn seine Gegner versuchen, ihn für ihre Zwecke zu benutzen, entscheidet er sich überraschend anders.

Aus Sicht der fortschrittlichen Kräfte im Vatikan erwartet den Papst in der Nuntiatur ein Hinterhalt. Ohne sein Wissen ist von katholischen Hardlinern Kim Davis, die Symbolfigur der Aktivisten gegen die Homo-Ehe, eingeladen worden. Die Frau aus Kentucky hatte sich geweigert, schwule Paare zu trauen, obwohl die Homo-Ehe in den USA seit Juni 2015 überall erlaubt ist. Davis wurde für fünf Tage ins Gefängnis gesperrt, was sie in Kauf nahm, da sie eine gleichgeschlechtliche Ehe aus »Gewissensgründen« nicht gutheißen könne.

Der Papst aber hat im Grunde mit der ganzen Sache überhaupt nichts zu tun. Denn Kim Davis gehört gar nicht zur katholischen Kirche, sondern ist Mitglied der Kirche der Evangelikalen. Warum also sollte Franziskus sie mit einem besonderen Empfang ehren? Dennoch findet das Treffen in der Nuntiatur statt, der Papst wird überrumpelt. Im Anschluss weist er den Vatikan daher an, keine Fotos des Treffens in Umlauf zu bringen, eine Anordnung, die Franziskus nur erlässt, wenn er explizit nicht will, dass ein Treffen instrumentalisiert wird. Dennoch wird der Vorgang bekannt.

Die Organisatoren dieses »Überfalls« wollten vor allem demonstrieren, dass der Papst wie seine Vorgänger Homosexualität uneingeschränkt ablehnt und verurteilt. Denn aus Sicht konservativer Kirchenkreise plant der Papst etwas Gefährliches. Er will in der Nuntiatur ein schwules Pärchen treffen, seinen Freund Yago Grassi, der in Washington zusammen mit seinem Lebensgefährten Iwan Bagis lebt. Es könnte also der Eindruck entstehen, dass der Papst ein schwules Paar segnet; diesem Eindruck sollte durch das Treffen mit Kim Davis vorgebeugt werden.

Doch der Papst lässt sich in keine Ecke drängen. Dieser Versuch, Franziskus zu einer herabsetzenden, wenn nicht verachtenden Haltung gegenüber Homosexuellen zu zwingen, wird das Gegenteil bewirken und einen Prozess in Gang setzen, der auf dem Rückflug des Papstes von Armenien nach Rom am 26. Juni 2016 zu seinem Ende kommen wird. Dann wird Franziskus als erster Papst in der zweitausendjährigen Geschichte der Kirche sagen, dass diese Kirche homosexuelle Menschen um Vergebung bitten muss. ■

Der Widerstand in Afrika gegen eine Öffnung der katholischen Kirche gegenüber Homosexuellen ist riesengroß.

Selbst an der Kirchenspitze gibt es absurde Vorstellungen über gleichgeschlechtliche Beziehungen; so erklärte Kardinal Peter Turkson aus Ghana, dass in Afrika kein Kindesmissbrauch durch Priester vorkomme, weil es keine Homosexualität gebe. *(unten)*

▷ Der Papst vor dem amerikanischen Kongress: Er verweigert der katholischen Lobby, die einen klaren Kreuzzug gegen Homosexuelle in den USA fordert, seine Unterstützung.

▷ Franziskus zeigt unmissverständlich: Der bislang gebräuchliche päpstliche Lebensstil hat nichts mit Jesus von Nazareth gemein, und die Päpste haben ihre Glaubwürdigkeit aufs Spiel gesetzt.

VERGISS DIE ARMEN NICHT!

DER NÄCHSTE PAPST

Die Revolution von Papst Franziskus brachte ihm an der Spitze der Kirche viele Feinde. Aber einen Aspekt seines Pontifikats nahmen ihm seine Gegner besonders übel. Jorge Mario Bergoglio war zum Papst gewählt worden, hatte also eine Mehrheit von seinen Ansichten und Absichten überzeugen können; deswegen hat er, auch nach Meinung seiner Gegner, durchaus das Recht, die Kirche von heute zu gestalten. Doch er hat nicht das Recht, die Kirche von morgen umzubauen, in die Amtszeit seines Nachfolgers entscheidend einzugreifen. Und genau das tut er nach Meinung seiner Widersacher. Franziskus hat die Art, wie das Amt des Papstes ausgeübt wird, so nachhaltig und drastisch verändert, dass es für einen eventuellen Nachfolger unmöglich scheint, diese Änderungen zurückzunehmen. Franziskus hat dem Papsttum extreme Bescheidenheit verordnet. Statt in dem gigantischen päpstlichen Appartement im apostolischen Palast mit riesiger Dachterrasse wohnt er in einem fünfundzwanzig Quadratmeter großen Zimmer. Würde ein Nachfolger sich ernsthaft dem Vorwurf aussetzen wollen, dass er weniger bescheiden sei als Papst Franziskus? Ist durch diesen Argentinier damit nicht für sehr lange Zeit, vielleicht für Jahrhunderte, vorbestimmt, dass die Päpste den apostolischen Palast, der für sie gebaut worden war, kaum betreten können? Wird er eines Tages in ein Museum umgewandelt werden?

Die Päpste hatten bis zum Vorgänger von Papst Franziskus auf die Verbreitung höfischen Glanzes nicht verzichtet. Benedikt XVI. hatte huldvoll und gern in seiner Audienzhalle ganzen Symphonieorchestern zugehört, die nur mit enormen Kosten nach Rom gebracht werden konnten. Franziskus weigert sich, an solchen gesellschaftlichen Ereignissen teilzunehmen. Sein Argument: Es gibt eben einen großen Unterschied zwischen Christus und der Tradition der Päpste. Die Herrscher des Kirchenstaats hätten problemlos das Geld für mondäne Konzerte zum Fenster hinausgeworfen, Jesus aber nicht. Das Gleiche betrifft die Kleidung der Päpste und auch den Rest ihrer Hofhaltung.

Die Päpste, hier
Paul VI., entfalten
noch gewaltigen
Pomp, als die Gläubi-
gen das schon nicht
mehr für zeitgemäß
halten.

Statt Bedienstete zu beschäftigen, Kammerdiener, Kellner, eigene Kö-
che, verzichtet Papst Franziskus auf all das, was für seine Vorgänger
selbstverständlich war. Franziskus hat den Mut, die schlichte Frage
zu stellen, ob Jesus sich einen eigenen Koch geleistet hätte und einen
Kammerdiener, der ihm beim Ankleiden half.

Was auch immer Franziskus in den noch kommenden Jahren seines Pontifikats verändern wird, eines ist schon heute klar: Die Arbeit
dieses Papstes an seiner Kirche wird als drastischer Einschnitt in die
Kirchengeschichte eingehen. Denn es gibt zwei Traditionen der katholischen Kirche. Es gibt das, was Jesus von Nazareth hinterlassen hat,
und das, was die Tradition der Kirche ausmacht. Beides lässt sich nicht
widerspruchslos vereinbaren. Es gab zweifellos eine klare Linie der
machtvollen Traditionen der Päpste, und bis zur Wahl von Franziskus
konnten sie auch immer wieder betonen, dass diese lange Geschichte
geachtet, respektiert und fortgesetzt werden müsse. Dann kam Franziskus und sagte: Nein. Er hatte den Mut, den keiner seiner Vorgänger
aufgebracht hatte, er wagte auszusprechen, dass das Papsttum eine
Abart der weltlichen Königshäuser gewesen war, mit gleichem Macht-

hunger, gleichem unermesslichem Reichtum und gleicher Selbstgerechtigkeit. Also war diese Tradition des Papsttums sehr weit von dem weg, was Jesus gewollt hatte. Mit Franziskus begann eine neue Linie, die eigentlich die ursprüngliche aufnimmt.

Franziskus vollzog also den wohl drastischsten Kurswechsel des Papsttums, weil er nicht nur ein paar Insignien ablehnte, sondern die Kirche auf den Weg ihres Begründers zurückführt. Diese Umkehr wird nicht rückgängig zu machen sein, ohne dass die Kirche an Glaubwürdigkeit verliert, die ihr Franziskus gerade zurückgeben will. Das Ausmaß des Ärgers seiner Gegner ist allzu verständlich. Denn Franziskus weist auch seinen Nachfolgern den Weg. Das Papsttum soll nicht in den Pomp und die Arroganz der Vergangenheit zurückfallen können. Auch der Jahrtausendpapst Johannes Paul II. hat in die Regentschaft seiner Nachfolger eingegriffen und war dafür bitter gescholten worden. Schon Anfang der 1980er-Jahre, als sich abzeichnete, dass die Erfindung des Karol Wojtyla, der Weltjugendtag, ein Erfolg werden könnte, löste das bei seinen Gegnern im Vatikan einen tsunamiartigen Protest aus. Die Einführung der Weltjugendtage durch Papst Johannes Paul II. sorgte für eine drastische Veränderung im Selbstverständnis eines Papstes. Weil die Treffen Karol Wojtylas mit Jugendlichen so

Die Revolution vollzieht sich nicht im stillen Kämmerlein, sondern für alle sichtbar: links das goldene Brustkreuz des Vorgängers, rechts das einfache Kreuz von Franziskus.

überwältigend erfolgreich waren, konnten die Nachfolger sie nicht einfach abschaffen. Einen Weltjugendtag durchzustehen, bedeutet aber, dass ein Papst Talente eines Schauspielers haben muss. Er muss vor Millionen Menschen, vor Dutzenden Fernsehkameras stundenlang junge Frauen und junge Männer begeistern. Das kann aber nicht jeder. Der Rücktritt des scheuen Benedikt XVI. zeigt auch, dass die Art, wie Karol Wojtyla das Amt des Papstes veränderte, Opfer fordert. Im frühen 20. Jahrhundert wäre Papst Benedikt XVI. möglicherweise der perfekte Papst gewesen; ein hochgebildeter Theologe, der sich nur sehr selten den Menschen hätte präsentieren müssen. Es gab Päpste, die sich kaum gezeigt haben, wie Papst Pius X. (Papst zwischen 1903 und 1914), der nur Ostern und Weihnachten und zu ganz wenigen anderen Anlässen in der Öffentlichkeit erschien. Das, was Joseph Ratzinger schließlich zermürbte, die pausenlosen weltweiten Auftritte, hat es damals noch nicht gegeben. Erst Papst Johannes Paul II. hatte das Amt dahingehend verändert, dass ein Papst sich nahezu täglich großen Menschenmassen zeigen und mit ihnen kommunizieren muss. Johannes Paul II. war also der Papst, der die Päpste für immer aus ihren Studierzimmern vertrieben hat. Er zwingt sie dazu, sich den Menschen zu stellen und in schier unendlichen Zeremonien eine Unzahl Menschen zu segnen, ihnen die Hände zu schütteln und vor allem denen Trost zu spenden, die schwerkrank bei jeder Audienz in einem eigenen Bereich in der Nähe des Stuhls des Papstes auf ihn warten.

Während also Papst Johannes Paul II. die Päpste zu den Menschen gebracht hat, ist Franziskus jetzt schon in die Geschichte eingegangen, weil er die Kirche zurück an die Seite der Armen geführt hat. Er hat den Priestern zu verstehen gegeben, dass sie für die Menschen und nicht die Menschen für die Priester da sind. Er hat seinen Priestern gezeigt, dass sie die Menschen nicht richten, sondern ihnen helfen sollen. Dieser Papst hat die Slums und die Favelas besucht und klargestellt, dass ein Papst dorthin gehört und nicht in einen Palast.

Immer wieder fragen mich viele besorgte Christen, Katholiken und Lutheraner: »Was ist, wenn ein Nachfolger alles wieder zurückdrehen wird?« »Das macht nichts«, erwidere ich dann. Denn was zählt, ist, dass es diesen Papst gegeben hat und dass dieser Papst den Päpsten, solange es sie geben wird, mit seinem Beispiel eine Mahnung sein wird. So wie er selber gemahnt worden ist, als er gerade zum Papst gewählt worden war und Kardinal Claudio Hummes ihm zuflüsterte: »Vergiss die Armen nicht!«

So wird dieser Papst in den kommenden Jahrhunderten seinen Nachfolgern zuflüstern: »Vergesst die Armen nicht!« ■

Was für ein Unterschied: Links schreitet Papst Benedikt XVI. mit Gefolge, das seine Taschen trägt, die Gangway vom Flugzeug herab; rechts macht sich Papst Franziskus, der die in die Jahre gekommene Aktentasche selbst trägt, auf den Weg zu einem Auslandsbesuch in dünner Soutane.

Neuer Stil im Vatikan:
links die eleganten
roten Schuhe von
Papst Benedikt XVI.,
die auf die römischen
Kaiser zurückgehen,
und rechts die ausge-
tretenen schwarzen
Straßenschuhe von
Franziskus.

Noch während der demütigsten Handlungen herrschte Luxus: Johannes Paul II. und Benedikt XVI. bei den traditionellen Fußwaschungen von ausgewählten römischen Priestern am Gründonnerstag – selbst dabei benutzten sie goldene Gefäße. Franziskus genügt eine Plastikschale. Er wäscht Häftlingen im Gefängnis von Rom die Füße, Männern wie Frauen.

Was für ein epochaler Unterschied! Noch Papst Benedikt XVI. hatte kein Problem damit, die althergebrachte prächtige Hofhaltung seiner Vorgänger fortzusetzen. Joseph Ratzinger ließ sich mit den luxuriösen liturgischen Gewändern ausstatten: inklusive Goldbrokat, Hermelin und Edelsteinen. Dann kommt der Argentinier Jorge Mario Bergoglio und beendet umstandslos eine über tausendjährige Tradition der Pracht und des Luxus. Er trägt zerschlissene, dünne Umhänge, die keineswegs wie die Soutane eines Papstes wirken. Seine Schuhe sind ausgetretene schwarze Lederschuhe, die roten Luxusschuhe seines Vorgängers lehnt er ab.

Die Päpste des Mittelalters hatten den Grundstein für die luxuriöse Zurschaustellung höfischen Lebens im Vatikan gelegt; die Päpste der Renaissance, die sich als Fürsten sahen, führten das Papsttum dann endgültig auf die Straße einer überbordenden Prachtentfaltung. Da muss erst ein Mann aus Argentinien kommen, der diesen so offensichtlichen Widerspruch bemerkt, dass ein Papsttum, das in Pracht und Herrlichkeit schwelgt, mit der Botschaft des bettelarmen Galiläers aus Nazareth nicht in Einklang zu bringen ist.

Für Hunderttausende Priester, Diakone und Ordensleute, die jeden Tag die Botschaft Christi zu den Armen

und Ausgegrenzten, den Vergessenen und von der Gesellschaft Geschmähten tragen, in Slums und Favelas, in Wohnblocks voller Einsamkeit und in Wellblechhütten, bedeutet diese Kehrtwendung Hilfe, Hoffnung und Trost. Für viele Priester an der alltäglichen Front war der Vatikan bisher weit weg von der Realität. Ein goldener Käfig, in dem Kardinäle eher auf Champagnerempfängen zu finden waren als in den Hütten von Familien, die nicht genug zu essen haben. Mit Franziskus ist das vorbei. Er ist einer von denen da unten. Ein Mann, der auch als Papst noch wie ein Straßenpfarrer lebt, der die Kirche wieder an jene Priester heranrückt, die sie auch als ein Feldlazarett verstehen. Denn darum geht es diesem Papst: dass seine Kirche sich aufmachen muss, um die zu suchen, die verwundet wurden in der Schlacht ihres Lebens und die Trost und Hilfe bitter nötig haben.

Papst Franziskus will die arrogante Kirche des Goldbrokats nicht mehr. Er ernennt Kardinäle, die am Ende der Welt auf Inseln im Pazifik bei den Armen leben. Jene Bischöfe aber, die nur darauf warten, zum Kardinal ernannt zu werden, um dann endlich die prächtigen Gewänder ihrer Vorgänger tragen zu können, die enttäuscht er. Hermelin und Brokat bleiben jetzt im Schrank. ■

Wenn ein Papst mit dem
Kopf durch die Wand
geht: Papst Franziskus
(rechts) im Kleinwagen.
Jedem im Vatikan ist
klar, dass seine Vorgän-
ger (links) Benedikt XVI.
und Papst Paul VI. in
ihren Luxusautos ausse-
hen würden wie prunk-
süchtige Majestäten.

Päpste auf dem Weg
zur Arbeit: Paul VI.
(links) auf seiner
Sänfte, der Sedia
gestatoria, und
Franziskus zu Fuß
auf dem Weg in die
Audienzhalle, mit
der Akte unter dem
Arm. Was immer
auch künftige Päpste
tun werden, ein
Faktum können sie
nicht rückgängig
machen: dass Fran-
ziskus die Protzerei
im Vatikan höchst
wirkungsvoll ange-
prangert hat.

BILDNACHWEIS

All image rights and copyrights reserved to the Photographic Service of L'Osservatore: 14, 16/17, 18, 19, 20, 22/23, 24 o., 24 Mi., 24 u., 35, 36/37, 38 o., 38 u., 39, 41, 42, 45, 52, 53, 54/55, 56, 57, 58/59, 67, 68/69, 70 o., 70 Mi., 70 u., 71, 72, 73, 120, 121, 128, 129 o., 129 Mi., 130, 145, 146/147, 148, 149, 150/151, 152, 153 o., 153 Mi., 153 u., 154/155, 165 o., 165 Mi., 165 u., 169, 170, 184/185, 190 o., 190 u., 191, 192, 193 o., 193 Mi., 193 u., 201, 204, 206/207, 208, 209, 210/211, 212, 213, 214/215, 217, 222, 223, 224, 225, 226, 227, 228/229, 230, 231 o., 231 Mi., 231 u., 232 o., 232 u., 233, 237, 241, 242/243, 245, 246, 249, 251, 256, 260/261, 262, 263, 264/265, 266 o., 266 u., 267, 279

Action press, Hamburg: 83 o., 83 Mi., 83 u. (PicoPress)

AKG Images, Berlin: 64 (historic maps), 238 (N.N.)

ANSA under licence Archivi Fratelli ALINARI, Firenze: 97

Catholic Press Photo, Rom: 2, 4, 13, 25, 43, 123 o., 123 u., 125, 126, 127, 129 u., 133, 171, 275, 277, 281 (Massimiliano Migliorato), 27, 61, 113, 123 Mi., 124, 131, 163, 183, 189 u., 269, 272 r., 272 li., 274, 276, 278 o., 280 (Alessia Giuliani), 40, 138, 180, 187, 271, 282 u., 284 (Giancarlo Giuliani), 159 (G. Giuliani/P.S. Paolo), 195 (Vatican Pool/CPP), 282 o. (Emanuela de Meo)

Getty Images, München: 90 (AFP/ Juan Mabromata)

Grzegorz Galazka: 7, 9, 15, 21, 34, 86/87, 115, 157, 160, 164, 168, 173, 186, 188, 189 o., 189 Mi., 219, 235, 247, 257, 278 u., 283, 285

Imago, Berlin: 30 (Westend 61), 47 (Imagebroker), 98 (Sven Simon), 106/107 (epd), 108 (Zuma press), 143 (Zuma/Keystone)

laif, Köln: 85 (API/Gamma), 103 (Nicolas Pousthomis/Sub/ Archivola), 105 u., 109 u. (Polaris)

Mauritius Images, Mittenwald: 135 (United Archives)

Riccardo Musacchio: 259

Picture Alliance, Frankfurt: 48 (Pressefoto UL), 63 (AKG Images), 75 (AP Photo/Luca Bruno), 82, 84, 88/89 (AP Photo), 91 (AP Photo/Pablo Leguizamon), 92 (DYN/ Marcelo Del Arco), 101 (AP Photo/ Luciano Thieberger), 110/111 (epa/ Tony Gentile), 116 (Zuma Press/ Fernando Massobrio), 119 (AP Photo/ Natacha Pisarenko), 175 (dpa/Ull-stein), 197 (dpa/Marwan Naamani), 198 (dpa/Wolfgang Radtke-POOL), 220 (Infophoto/Vision)

Privat: 166/167

Reuters, Berlin: 10 (Tony Gentile), 78, 93, 95, 109 o., (N.N.), 104, 105 o., 105 Mi. (Stringer Argentina)

Süddeutsche Zeitung Photo, München: 29 (Imagebroker), 77 (Rue des Archives)

Der Verlag weist ausdrücklich darauf hin, dass im Text enthaltene
externe Links vom Verlag nur bis zum Zeitpunkt der Buchveröffentlichung
eingesehen werden konnten. Auf spätere Veränderungen hat der Verlag
keinerlei Einfluss. Eine Haftung des Verlags ist daher ausgeschlossen.

Verlagsgruppe Random House FSC®N001967

1. Auflage
Copyright © 2016 by C. Bertelsmann Verlag, München,
in der Verlagsgruppe Random House GmbH,
Neumarkter Straße 28, 81673 München
Umschlaggestaltung, Typografie und Layout: Büro Jorge Schmidt, München
Bildredaktion: Dietlinde Orendi
Fotorecherche: Caterina Laruccia und Nicole Stella Metz
Lithografie: Helio Repro GmbH, München
Druck und Bindung: Mohn Media Mohndruck GmbH, Gütersloh
Printed in Germany
ISBN 978-3-570-10325-8

www.cbertelsmann.de